부산광역시교육청
교육공무직원
제1회 모의고사

성명		생년월일	
문제 수(배점)	45문항	풀이시간	/ 50분
영역	직무능력검사		
비고	객관식 4지선다형		

각 문제에서 가장 적절한 답을 하나만 고르시오.

1. 다음 제시된 단어와 의미가 유사한 단어를 고르면?

적합

① 불편
② 완료
③ 상응
④ 분리

2. 제시된 단어와 상반된 의미의 단어를 고르시오.

일축

① 단축
② 승낙
③ 유치
④ 일체

3. 다음 속담의 쓰임이 어색한 것은?

① '바늘 가는 데 실 간다'더니 저 두 사람은 떨어질 수 없는 사이로구나.
② '못된 송아지 엉덩이에 뿔 난다'더니 성격이 좋지 않던 저 녀석은 커서도 여전히 말썽이구나.
③ '바늘허리에 실 매어 쓸까'라더니 좋은 것도 쓸모를 찾지 못하면 무용지물이구나.
④ '목구멍이 포도청'이라더니 생계 때문에 하기 싫은 일도 해야 하는 현실이 안타깝구나.

4. 다음 제시된 단어의 뜻을 고르면?

무녀리

① 학술과 품행이 뛰어나서 모범이 될 만한 인물
② 무녀(巫女)를 이르는 말
③ 야만스러운 사람
④ 언행이 좀 모자라서 못난 사람을 비유하는 말

5. 다음 제시된 문장의 밑줄 친 어휘와 같은 의미로 사용된 것은?

준이는 어딜 가나 편을 갈라 자기편을 확보했다.

① 먼저 입장권을 받은 사람과 그렇지 못한 사람으로 갈랐다.
② 그가 물을 가르며 질주하자 환호성이 쏟아졌다.
③ 고래의 배를 가르는 일은 베테랑들만 할 수 있는 일이었다.
④ 허공을 가르는 그의 화살이 팀의 승리를 이끌었다.

6. 다음 의미를 나타내는 사자성어로 옳은 것을 고르시오.

훌륭한 것 뒤에 보잘것없는 것이 뒤따름

① 과전이하(瓜田梨下)   ② 구밀복검(口蜜腹劍)
③ 교각살우(矯角殺牛)   ④ 구미속초(狗尾續貂)

7. 다음 (   ) 안에 공통으로 들어가는 단어를 고르시오.

• 여성의 사회 (   )이/가 점점 늘어나고 있다.
• 해외 시장 (   )에 회사의 사활이 걸려 있다.

① 개척(開拓)   ② 진입(進入)
③ 진출(進出)   ④ 진척(進陟)

8. 다음 문장들을 순서에 맞게 배열한 것을 고르시오.

> (가) 문제는 생산과 소비를 촉진시키는 전 지구화의 경향의 환경문제를 더욱 악화시키고 있다는 점이다.
>
> (나) 환경, 생태계의 파괴는 인간의 삶 자체를 위협하고 있다.
>
> (다) 그런데 그 원인과 책임이 대개 경제 발전 지상주의를 부추기는 경제 선진국에 있다는 것이 문제 해결을 더욱 어렵게 하고 있다.
>
> (라) 인간의 삶의 질과 직결된 환경문제가 경제 강대국의 이해관계에 따라 좌지우지되고 있기 때문이다.
>
> (마) 1997년 온실가스 감축을 협의한 '교토 의정서'를 미국의 부시 행정부가 들어서면서 이행을 거부하기로 한 것이 그 예이다.

① (나) – (가) – (다) – (라) – (마)

② (가) – (라) – (다) – (마) – (나)

③ (다) – (라) – (가) – (나) – (마)

④ (라) – (마) – (다) – (가) – (나)

9. 다음 중 제시된 단어가 나타내는 뜻을 모두 포괄할 수 있는 단어는?

> 미치다 / 응하다 / 맡아 두다 / 따다

① 주다   ② 들다

③ 묶다   ④ 받다

10. 다음 글에 대한 이해로 적절하지 않은 것은?

> 자본주의 시스템하에서 성공의 판타지는 어려운 현실을 극복하고 모든 것을 거머쥐는 소수의 영웅들을 전면에 내세움으로써 그 이면에 있는 다수의 실패자들을 은폐하는 역할을 한다. 예를 들어, 공개 오디션 프로그램에서는 본선에 오른 십여 명의 성공을 화려하게 비추는 대신, 본선에 오르지 못한 나머지 수백만 명의 실패에 대해서는 주목하지 않는다. 합리적으로 이해하기 힘든 이 방정식은 '너희도 열심히 노력하면 이 사람들처럼 될 수 있다'는 자본주의의 정언명령 앞에서 이상한 것으로 인식되지 않는다. 이 때문에 자본주의는 지극히 공정하고 정당한 방식으로 운영되고 있으며, 오직 부족한 것은 개인의 능력과 노력인 것처럼 보인다. 슬라보예 지젝이 "왜 오늘날 그 많은 문제들이 불평등, 착취 또는 부당함의 문제가 아닌 불관용의 문제로 여겨지는가?"라고 말했듯, 이 성공의 판타지는 가장 순수한 의미에서 이데올로기적인 기능을 수행한다. 사회적 불평등과 부당함이 관용과 불관용이라는 문화적 차원으로 환원돼 버리는 현상과 마찬가지로 자본주의 체제가 만들어 내는 여러 가지 사회적 문제들은 '그럼에도 불구하고 승리한' 영웅의 존재 때문에 능력과 노력이라는 지극히 개인적 차원으로 환원된다.

① 자본주의 사회에서 경쟁은 합리적이고 공정한 방식으로 이루어진다.

② 공개 오디션 프로그램은 탈락한 대다수의 실패자들을 주목하지 않는다.

③ 자본주의 사회는 열심히 노력하면 누구나 성공할 수 있다는 판타지를 제시한다.

④ 자본주의 정언명령 앞에서 오디션에서 떨어진 사람은 그 개인의 능력과 노력이 부족한 것으로 비춰진다.

11. 다음 중 글의 흐름으로 볼 때 삭제해도 되는 문장은?

현재 리셋 증후군이 인터넷 중독의 한 유형으로 꼽고 있다. ①'리셋 증후군'이라는 말은 1990년 일본에서 처음 생겨났는데, 국내에선 1990년대 말부터 쓰이기 시작했다. ②리셋 증후군 환자들은 현실에서 잘못을 하더라도 버튼만 누르면 해결될 수 있다고 생각해서 아무런 죄의식이나 책임감 없이 행동한다. 리셋 증후군 환자들은 현실과 가상을 구분하지 못하여 게임에서 실행했던 일을 현실에서 저지르고 뒤늦게 후회하는 경우가 많다. ③리셋 증후군은 정신질환의 일종으로 판단하여 법적으로 심신미약 상태라는 판정되는 정신적 질환이다. ④특히, 이러한 특성을 지닌 청소년들은 무슨 일이든지 쉽게 포기하고 책임감 없는 행동을 하며, 마음에 들지 않는 사람이 있으면 칼로 무를 자르듯 관계를 쉽게 끊기도 한다.

12. 다음 글을 읽고 알 수 있는 내용으로 적절하지 않은 것은 어느 것인가?

인공지능이란 인간처럼 사고하고 감지하고 행동하도록 설계된 일련의 알고리즘인데, 컴퓨터의 역사와 발전을 함께한다. 생각하는 컴퓨터를 처음 제시한 것은 컴퓨터의 아버지라 불리는 앨런 튜링(Alan Turing)이다. 앨런 튜링은 현대 컴퓨터의 원형을 제시한 인물로 알려져 있다. 그는 최초의 컴퓨터라 평가받는 에니악(ENIAC)이 등장하기 이전(1936)에 '튜링 머신'이라는 가상의 컴퓨터를 제시했다. 가상으로 컴퓨터라는 기계를 상상하던 시점부터 앨런 튜링은 인공지능을 생각한 것이다.

2016년에 이세돌 9단과 알파고의 바둑 대결이 화제가 됐지만, 튜링은 1940년대부터 체스를 두는 기계를 생각하고 있었다. 흥미로운 점은 튜링이 생각한 '체스 기계'는 경우의 수를 빠르게 계산하는 방식의 기계가 아니라 스스로 체스 두는 법을 학습하는 기계를 의미했다는 것이다. 요즘 이야기하는 머신러닝을 70년 전에 고안했던 것이다. 튜링의 상상을 약 70년 만에 현실화한 것이 '알파고'다. 이전에도 체스나 바둑을 두던 컴퓨터는 많았다. 하지만 그것들은 인간이 체스나 바둑을 두는 알고리즘을 입력한 것이었다. 이 컴퓨터들의 체스, 바둑 실력을 높이려면 인간이 더 높은 수준의 알고리즘을 제공해야 했다. 결국 이 컴퓨터들은 인간이 정해준 알고리즘을 수행하는 역할을 할 뿐이었다. 반면, 알파고는 튜링의 상상처럼 스스로 바둑 두는 법을 학습한 인공지능이다. 일반 머신러닝 알고리즘을 기반으로, 바둑의 기보를 데이터로 입력받아 스스로 바둑 두는 법을 학습한 것이 특징이다.

① 앨런 튜링이 인공지능을 생각해 낸 것은 컴퓨터의 등장 이전이다.
② 앨런 튜링은 세계 최초의 머신러닝 발명품을 고안해 냈다.
③ 알파고는 스스로 학습하는 인공지능을 지녔다.
④ 알파고는 바둑을 둘 수 있는 세계 최초의 컴퓨터가 아니다.

13. 다음 지문에 대한 내용으로 옳지 않은 것은?

> 잎으로 곤충 따위의 작은 동물을 잡아서 소화 흡수
> 하여 양분을 취하는 식물을 통틀어 식충 식물이라 한
> 다. 대표적인 식충 식물로는 파리지옥이 있다.
>
> 주로 북아메리카에서 번식하는 파리지옥은 축축하고
> 이끼가 낀 곳에서 곤충을 잡아먹으며 사는 여러해살이
> 식물이다. 중심선에 경첩 모양으로 달린 두 개의 잎
> 가장자리에는
>
> 가시 같은 톱니가 나 있다. 두 개의 잎에는 각각 세
> 개씩의 긴 털, 곧 감각모가 있다. 이 감각모에 파리 따
> 위가 닿으면 양쪽으로 벌어져 있던 잎이 순식간에 서
> 로 포개지면서 닫힌다. 낮에 파리 같은 먹이가 파리지
> 옥의 이파리에 앉으면 0.1초 만에 닫힌다. 약 10일 동
> 안 곤충을 소화하고 나면 잎이 다시 열린다.
>
> 파리지옥의 잎 표면에 있는 샘에서 곤충을 소화하는
> 붉은 수액이 분비되므로 잎 전체가 마치 붉은색의 꽃
> 처럼 보인다. 파리지옥의 잎이 파리가 앉자마자 0.1초
> 만에 닫힐 수 있는 것은, 감각모가 받는 물리적 자극
> 에 의해 수액이 한꺼번에 몰리면서 잎의 모양이 바뀌
> 기 때문이라고 알려졌다.

① 식충식물은 잎으로 작은 곤충을 섭취하는 식물이다.
② 파리지옥은 감각모를 이용해 곤충을 감지한다.
③ 파리지옥은 잎에 달린 가시 같은 톱니로 저작운동을 한다.
④ 파리지옥이 곤충을 소화시킬 동안은 잎이 닫혀있다.

│14~15│ 다음 제시된 숫자의 배열을 보고 규칙을 적용하여 빈칸에 들어갈 알맞은 수를 고르시오.

14.

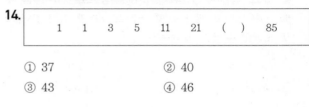

| 1 | 1 | 3 | 5 | 11 | 21 | ( ) | 85 |

① 37 ② 40
③ 43 ④ 46

15.

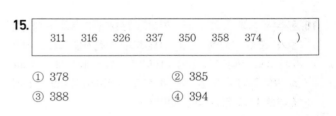

| 311 | 316 | 326 | 337 | 350 | 358 | 374 | ( ) |

① 378 ② 385
③ 388 ④ 394

16. 구리와 아연을 4:3의 비율로 섞은 합금 A와 구리와 아연을 2:3으로 섞은 합금 B가 있다. 이 두 종류의 합금을 녹여 구리와 아연을 10:9의 비율로 섞은 합금 950g을 만들려고 한다. 필요한 두 합금 A, B의 양을 각각 구하면?

① A=400g, B=550g
② A=500g, B=450g
③ A=650g, B=300g
④ A=700g, B=250g

17. 페인트 한 통과 벽지 5묶음으로 $51m^2$의 넓이를 도배할 수 있고, 페인트 한 통과 벽지 3묶음으로는 $39m^2$를 도배할 수 있다고 한다. 이때, 페인트 2통과 벽지 2묶음으로 도배할 수 있는 넓이는?

① $45m^2$ ② $48m^2$

③ $51m^2$ ④ $54m^2$

18. 현수는 집에서 약 $5\,km$ 떨어진 은행에 가려고 한다. 현수가 오후 4시에 집을 출발하여 자전거를 타고 시속 $12\,km$로 가다가 도중에 자전거가 고장 나서 시속 $8\,km$로 뛰어갔더니 오후 4시 30분에 도착하였다. 현수가 자전거를 타고 간 거리는 얼마인가?

① $4\,km$ ② $3\,km$

③ $2\,km$ ④ $1\,km$

❙19～21❙ 다음은 어느 학급 학생 25명의 수학 성적과 과학 성적에 대한 상관표이다. 물음에 답하여라.

과학＼수학	60	70	80	90	100	합계
100				A	1	2
90			1	B		C
80		2	D	3	1	11
70	1	2	3	2		8
60	1					1
합계	2	4	9	8	2	25

19. 다음 중 A～D에 들어갈 수로 옳지 않은 것은?

① A＝1   ② B＝2

③ C＝3   ④ D＝4

20. 수학 성적과 과학 성적 중 적어도 한 과목의 성적이 80점 이상인 학생은 몇 명인가?

① 14명   ② 16명

③ 19명   ④ 21명

21. 수학 성적과 과학 성적의 평균이 90점 이상인 학생은 전체의 몇 %인가?

① 16%

② 20%

③ 25%

④ 30%

22. 다음은 A~E사의 연간 신상품 출시 건수에 대한 자료이다. 조사 기간 동안 출시 건수가 가장 많은 회사와 세 번째로 많은 회사의 2018년 대비 2019년의 증감률을 차례대로 바르게 적은 것은?

	A사	B사	C사	D사	E사
2016	23	79	44	27	20
2017	47	82	45	30	19
2018	72	121	61	37	19
2019	127	118	80	49	20

① 2.48%, 31.15%

② -2.38%, 30.15%

③ -2.48%, 31.15%

④ 2.38%, 30.15%

23. 다음은 1960 ~ 1964년 동안 전남지역 곡물 재배면적 및 생산량을 정리한 표이다. 이에 대한 설명으로 옳은 것은?

(단위 : 천 정보, 천 석)

곡물 \ 구분	연도	1960	1961	1962	1963	1964
두류	재배면적	450	283	301	317	339
	생산량	1,940	1,140	1,143	1,215	1,362
맥류	재배면적	1,146	773	829	963	1,034
	생산량	7,347	4,407	4,407	6,339	7,795
미곡	재배면적	1,148	1,100	998	1,118	1,164
	생산량	15,276	14,145	13,057	15,553	18,585
서류	재배면적	59	88	87	101	138
	생산량	821	1,093	1,228	1,436	2,612
잡곡	재배면적	334	224	264	215	208
	생산량	1,136	600	750	633	772
전체	재배면적	3,137	2,468	2,479	2,714	2,883
	생산량	26,520	21,385	20,585	25,176	31,126

① 1961 ~ 1964년 동안 재배면적의 전년대비 증감방향은 미곡과 두류가 동일하다.

② 생산량은 매년 두류가 서류보다 많다.

③ 재배면적은 매년 잡곡이 서류의 2배 이상이다.

④ 1963년 미곡과 맥류 재배면적의 합은 1963년 곡물 재배면적 전체의 70% 이상이다.

24. 다음은 A기업의 올해 여름휴가 계획을 조사한 표이다. 여름휴가로 해외여행을 가는 직원은 전체의 몇 %인가?

국내여행	해외여행	자기계발	계획 없음	기타
88	55	49	3	5

① 12%　　　　　② 25.5%

③ 27.5%　　　　④ 35%

25. 함께 여가를 보내려는 A, B, C, D, E 다섯 사람의 자리를 원형 탁자에 배정하려고 한다. 다음 글을 보고 옳은 것을 고르면?

> • A 옆에는 반드시 C가 앉아야 된다.
> • D의 맞은편에는 A가 앉아야 된다.
> • 여가시간을 보내는 방법은 책읽기, 수영, 영화 관람이다.
> • C와 E는 취미생활을 둘이서 같이 해야 한다.
> • B와 C는 취미가 같다.

① A의 오른편에는 B가 앉아야 한다.

② B가 책읽기를 좋아한다면 E도 여가 시간을 책읽기로 보낸다.

③ B는 E의 옆에 앉아야 한다.

④ A와 D 사이에 C가 앉아있다.

26. 경찰서에서 목격자 세 사람이 범인에 관하여 다음과 같이 진술하였다.

> • A : 은이가 범인이거나 영철이가 범인입니다.
> • B : 영철이가 범인이거나 숙이가 범인입니다.
> • C : 은이가 범인이 아니거나 또는 숙이가 범인이 아닙니다.

경찰에서는 이미 이 사건이 한 사람의 단독 범행인 것을 알고 있었다. 그리고 한 진술은 거짓이고 나머지 두 진술은 참이라는 것이 나중에 밝혀졌다. 그러나 안타깝게도 어느 진술이 거짓인지는 밝혀지지 않았다면 다음 중 반드시 거짓인 것은?

① 은이가 범인이다.

② 영철이가 범인이다.

③ 숙이가 범인이다.

④ 은이가 범인이 아니면 영철이도 범인이 아니다.

27. 다음의 조건이 모두 참일 때, 반드시 참인 것을 고르시오.

> • 민수는 병식이보다 나이가 많다.
> • 나이가 많은 사람이 용돈을 더 많이 받는다.
> • 기완이는 병식이보다 더 많은 용돈을 받는다.

① 기완이의 나이가 가장 많다.

② 민수의 나이가 가장 많다.

③ 병식이가 가장 어리다.

④ 민수는 기완이보다 나이가 많다.

28. A, B, C, D, E 5명의 입사성적을 비교하여 높은 순서로 순번을 매겼더니 다음과 같은 사항을 알게 되었다. 입사성적이 두 번째로 높은 사람은?

- 순번 상 E의 앞에는 2명 이상의 사람이 있고 C보다는 앞이었다.
- D의 순번 바로 앞에는 B가 있다.
- A의 순번 뒤에는 2명이 있다.

① A   ② B
③ C   ④ D

29. A, B, C, D는 영업, 사무, 전산, 관리의 일을 각각 맡아서 하기로 하였다. A는 영업과 사무 분야의 업무를 싫어하고, B는 관리 업무를 싫어하며, C는 영업 분야 일을 하고 싶어 하고, D는 전산 분야 일을 하고 싶어 한다. 인사부에서 각자의 선호에 따라 일을 시킬 때, 직원과 맡게 될 업무가 옳게 짝지어진 것은?

① A – 관리   ② B – 영업
③ C – 전산   ④ D – 사무

30. 놀이기구 이용과 관련한 다음 명제들을 통해 추론한 설명으로 올바른 것은 어느 것인가?

- 우주특급을 타 본 사람은 공주의 모험도 타 보았다.
- 공주의 모험을 타 본 사람은 자이로스핀도 타 보았다.
- 자이로스핀을 타 본 사람은 번지번지를 타 보지 않았다.
- 번지번지를 타 본 사람은 기차팡팡을 타 보지 않았다.
- 기차팡팡을 타 본 사람은 우주특급을 타 보지 않았다.

① 자이로스핀을 타 보지 않은 사람은 우주특급을 타 보았다.
② 번지번지를 타 본 사람은 우주특급을 타 보지 않았다.
③ 기차팡팡을 타 보지 않은 사람은 자이로스핀을 타 보았다.
④ 공주의 모험을 타 본 사람은 기차팡팡을 타 보았다.

31. 김대리는 모스크바 현지 영업소로 출장을 갈 계획이다. 4일 오후 2시 모스크바에서 회의가 예정되어 있어 모스크바 공항에 적어도 4일 오전 11시 이전에는 도착하고자 한다. 인천에서 모스크바까지 8시간이 걸리며, 시차는 인천이 모스크바보다 6시간이 더 빠르다. 김대리는 인천에서 늦어도 몇 시에 출발하는 비행기를 예약하여야 하는가?

① 3일 09 : 00
② 3일 19 : 00
③ 4일 09 : 00
④ 4일 11 : 00

▌32~33▐ 다음 두 사건은 별개의 사건이다. 읽고 물음에 답하시오.

〈사건 1〉
가인 : 저는 빵을 훔치지 않았어요.
나은 : 다영이는 절대 빵을 훔치지 않았어요.
다영 : 제가 빵을 훔쳤습니다.
그런데 나중에 세 명 중 두 명은 거짓말을 했다고 자백하였고, 빵을 훔친 사람은 한 명이라는 것이 밝혀졌다.

〈사건 2〉
라희 : 저는 결코 창문을 깨지 않았습니다.
마준 : 라희의 말이 맞습니다.
바은 : 제가 창문을 깼습니다.
그런데 나중에 창문을 깬 사람은 한 명이고 그 범인은 거짓말을 했다는 것이 밝혀졌다.

32. 주어진 조건에 따라 〈사건 1〉과 〈사건 2〉의 범인을 고른 것은?

① 가인, 바은
② 다영, 라희
③ 다영, 마준
④ 가인, 라희

33. 주어진 조건을 따라 거짓을 이야기 하지 않은 사람은?

① 가인
② 나은
③ 마준
④ 바은

34. 다음의 조건을 따를 때 수강 신청이 바르게 된 것은?

전공과목 3개를 들으면 교양과목 1개를 들어야 한다. 총 학점은 12학점 이상 20학점 이하로 수강할 수 있다.
• '문학 개론(3학점)'을 수강한 후에 '현대시(3학점)', '국문학사(3학점)'를 수강할 수 있다.
• '국어음운론(3학점)'을 수강하면 '중세국어(3학점)'를 함께 수강해야 한다.
• '국어의미론(3학점)'과 '국어음운론'은 동시에 수강할 수 없다.
• '현대비평론(3학점)'을 수강하면 '국문학사'를 함께 수강해야 한다.
• 교양과목은 2학점이며, '현대 드라마론', '연애와 결혼', '스포츠 문화의 이해' 과목이 있다.
• '문학개론'을 수강완료 한 학생은 丙, 丁뿐이다.

① 甲 : 국어의미론, 중세국어, 국어음운론, 현대 드라마론, 스포츠 문화의 이해
② 乙 : 현대비평론, 국문학사, 국어의미론, 중세국어, 연애와 결혼, 현대 드라마론
③ 丙 : 현대시, 국어음운론, 중세국어, 스포츠 문화의 이해
④ 丁 : 국문학사, 현대비평론, 국어음운론, 중세국어, 스포츠 문화의 이해, 연애와 결혼

35. 다음과 같이 종이를 접은 후 구멍을 뚫어 펼친 그림으로 옳은 것을 고르시오.

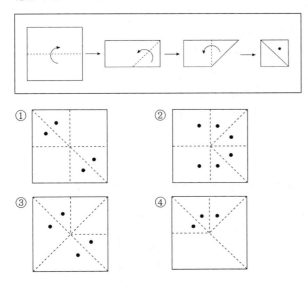

36. 다음 중 전개도를 접었을 때 나타나는 정육면체의 모양이 아닌 것을 고르시오.

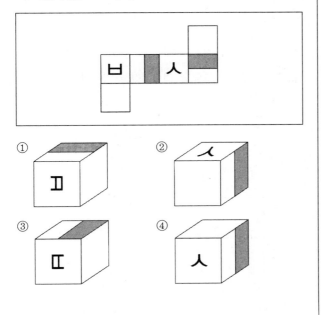

37. 다음 주어진 부분도를 보고 알맞은 입체도형을 고르시오.

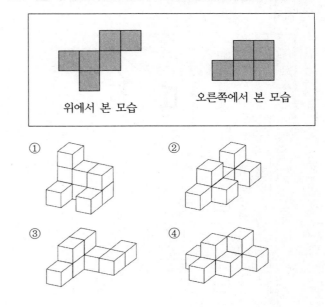

38. 제시된 두 도형을 결합했을 때, 나타날 수 없는 형태를 고르시오.

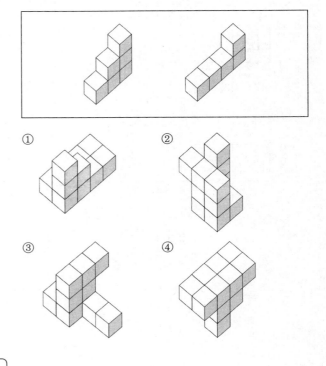

39. 다음 도형을 펼쳤을 때 나타날 수 있는 전개도를 고르시오.

①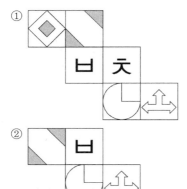

②

③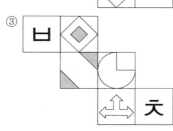

④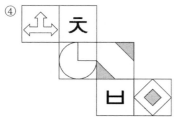

40. 다음 제시된 문자열과 다른 것을 고르시오.

> 서점에서구매한경우

① 서점에서구매한경우
② 서점에서구매학경우
③ 서점에서구매한경우
④ 서점에서구매한경우

41. 아래의 기호/문자 무리에 '◑'은 몇 번 제시되었는가?

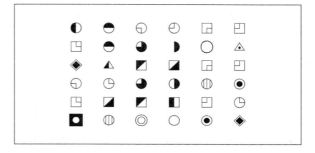

① 1 　　　② 2
③ 3 　　　④ 4

42. 다음 제시된 그림을 회전시켰을 경우에 그림과 다른 것을 고르시오.

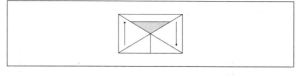

① 　②

③ 　④

43. 다음 제시된 〈보기〉의 블록이 도형 A, B, C를 조합하여 만들어질 때, 도형 C에 해당하는 것을 고르시오.

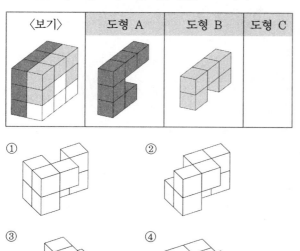

① ② ③ ④

44. 다음 도형의 일정한 규칙을 찾아 ?에 들어갈 알맞은 도형을 고르시오.

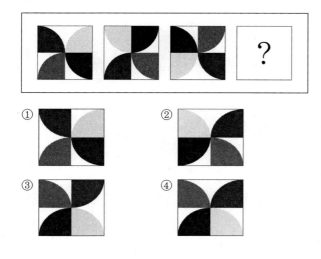

① ② ③ ④

45. 다음 전개도를 접었을 때 두 점 사이의 거리가 가장 먼 것을 고르시오.

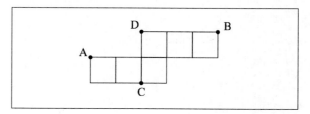

① AB
② AC
③ BC
④ BD

부산광역시교육청 모의고사

성 명

(자 필 성 명)

성 별

생 년 월 일

1	① ② ③ ④	21	① ② ③ ④	41	① ② ③ ④
2	① ② ③ ④	22	① ② ③ ④	42	① ② ③ ④
3	① ② ③ ④	23	① ② ③ ④	43	① ② ③ ④
4	① ② ③ ④	24	① ② ③ ④	44	① ② ③ ④
5	① ② ③ ④	25	① ② ③ ④	45	① ② ③ ④
6	① ② ③ ④	26	① ② ③ ④		
7	① ② ③ ④	27	① ② ③ ④		
8	① ② ③ ④	28	① ② ③ ④		
9	① ② ③ ④	29	① ② ③ ④		
10	① ② ③ ④	30	① ② ③ ④		
11	① ② ③ ④	31	① ② ③ ④		
12	① ② ③ ④	32	① ② ③ ④		
13	① ② ③ ④	33	① ② ③ ④		
14	① ② ③ ④	34	① ② ③ ④		
15	① ② ③ ④	35	① ② ③ ④		
16	① ② ③ ④	36	① ② ③ ④		
17	① ② ③ ④	37	① ② ③ ④		
18	① ② ③ ④	38	① ② ③ ④		
19	① ② ③ ④	39	① ② ③ ④		
20	① ② ③ ④	40	① ② ③ ④		

⓪ ① ② ③ ④ ⑤ ⑥ ⑦ ⑧ ⑨

서 원 각
www.goseowon.com

부산광역시교육청
교육공무직원
제2회 모의고사

성명		생년월일	
문제 수(배점)	45문항	풀이시간	/ 50분
영역	직무능력검사		
비고	객관식 4지선다형		

✻ 유의사항 ✻

- 문제지 및 답안지의 해당란에 문제유형, 성명, 응시번호를 정확히 기재하세요.
- 모든 기재 및 표기사항은 "컴퓨터용 흑색 수성 사인펜"만 사용합니다.
- 예비 마킹은 중복 답안으로 판독될 수 있습니다.

각 문제에서 가장 적절한 답을 하나만 고르시오.

1. 다음 (   ) 안에 공통으로 들어가는 단어를 고르시오.

> • 노고에 대해 (   )을/를 받다.
> • 그는 아무런 (   )도 바라지 않고 나를 도와주었다.

① 보장(保障)　　　② 보증(保證)
③ 보상(報償)　　　④ 배상(拜上)

2. 다음에 제시된 단어와 상반된 의미를 가진 단어는?

> 수더분하다

① 강건하다　　　② 듬직하다
③ 까다롭다　　　④ 깔끔하다

3. 다음 제시된 의미의 사자성어를 올바르게 사용한 것을 고르시오.

> 그 움직임을 알 수 없을 만큼 자유자재로 나타나고 사라짐

① 그 둘이 서로 싸우고 있는 사이에 내가 신출귀몰로 그 떡을 먹었다.
② 경찰이 샅샅이 수색을 하고 있지만 탈출한 범인의 행방은 아직까지도 신출귀몰이다.
③ 그는 신출귀몰로 그 위기를 모면하였다.
④ 홍길동의 신출귀몰한 행적으로 인해 조정에서 그를 잡기란 하늘의 별따기이다.

4. 다음 중, 띄어쓰기가 잘못된 것은?

① 그는 한국대학교 문과대학 국어국문학과 1년생이다.
② 나는 그 강을 건너다가 죽을 뻔도 했다.
③ 꽃놀이를 가는 사람들이 매우 많기도 하다.
④ 저 신사는 큰 기업체의 회장겸 대표이사이다.

5. 다음 (   ) 안에 들어갈 접속사로 알맞은 것은?

> 곤충에도 뇌가 있다. 뇌에서 명령을 받아 다리나 날개를 움직이고, 음식물을 찾거나 적에게서 도망친다. (   ) 인간의 뇌에 비하면 그다지 발달되어 있다고는 말할 수 없다. (   ) 인간은 더욱 더 복잡한 일을 생각하거나, 기억하거나, 마음을 움직이게 하거나 하기 때문이다.

① 왜냐하면, 게다가　　　② 하지만, 왜냐하면
③ 그렇지만, 아니면　　　④ 또, 그런데

6. 밑줄 친 부분이 어법에 맞게 표기된 것은?

① 박 사장은 자기 돈이 어떻게 쓰여지는 지도 몰랐다.
② 그녀는 조금만 추어올리면 기고만장해진다.
③ 나룻터는 이미 사람들로 가득 차 있었다.
④ 우리들은 서슴치 않고 차에 올랐다.

7. 주어진 내용을 순서에 맞게 배열한 것은?

> ㈎ 그러나, 종과 종이라는 관계에서 본 경우는 어떨까.
> ㈏ 포식관계에 있는 동물은 일반적으로 먹히는 쪽보다는 먹는 쪽이 강하다고 생각되는 경향이 있다.
> ㈐ 확실히 일대일 개체 간의 관계에서는 그럴지도 모른다.
> ㈑ 먹는 쪽의 목숨은 먹히는 쪽의 목숨에 따라 양육되어 왔다.
> ㈒ 즉, 먹히는 쪽이 없으면 먹는 쪽은 살아갈 수 없다는 것이다.

① (가) - (다) - (나) - (라) - (마)

② (나) - (다) - (가) - (라) - (마)

③ (다) - (나) - (가) - (라) - (마)

④ (다) - (나) - (가) - (마) - (라)

8. 다음 글에서 ⓐ : ⓑ의 의미 관계와 가장 유사한 것은?

> 역사적으로 볼 때 시민 혁명이나 민중 봉기 등의 배경에는 정부의 과다한 세금 징수도 하나의 요인으로 자리 잡고 있다. 현대에도 정부가 세금을 인상하여 어떤 재정 사업을 하려고 할 때, 국민들은 자신들에게 별로 혜택이 없거나 부당하다고 생각될 경우 ⓐ납세 거부 운동을 펼치거나 정치적 선택으로 조세 저항을 표출하기도 한다. 그래서 세계 대부분의 국가는 원활한 재정 활동을 위한 조세 정책에 골몰하고 있다.
>
> 경제학의 시조인 아담 스미스를 비롯한 많은 경제학자들이 제시하는 바람직한 조세 원칙 중 가장 대표적인 것이 공평과 효율의 원칙이라 할 수 있다. 공평의 원칙이란 특권 계급을 인정하지 않고 국민은 누구나 자신의 능력에 따라 세금을 부담해야 한다는 의미이고, 효율의 원칙이란 정부가 효율적인 제도로 세금을 과세해야 하며 납세자들로부터 불만을 최소화할 수 있는 방안으로 ⓑ징세해야 한다는 의미이다.

① 컴퓨터를 사용한 후에 반드시 전원을 꺼야 한다.

② 관객이 늘어남에 따라 극장이 점차 대형화되었다.

③ 자전거 타이어는 여름에 팽창하고 겨울에 수축한다.

④ 먼 바다에 나가기 위해서는 배를 먼저 수리해야 한다.

▌9~10▐ 주어진 글을 읽고 물음에 답하시오.

> 먼저 냉장고를 사용하면 전기를 낭비하게 된다. 언제 먹을지 모를 음식을 보관하는 데 필요 이상으로 전기를 쓰게 되는 것이다. 전기를 낭비한다는 것은 전기를 만드는 데 쓰이는 귀중한 자원을 낭비하는 것과 같다.
>
> (   ) 냉장고가 없던 시절에는 식구가 먹고 남을 정도의 음식을 만들거나 얻게 되면 미련 없이 이웃과 나누어 먹었다. 여러 가지 이유가 있겠지만 그 이유 가운데 하나는 남겨 두면 음식이 상한다는 것이었다. 그런데 냉장고를 사용하게 되면서 그 이유가 사라지게 되고, 이에 따라 이웃과 음식을 나누어 먹는 일이 줄어들게 되었다. 냉장고에 넣어 두면 일주일이고 한 달이고 오랫동안 상하지 않게 보관할 수 있기 때문이다. 냉장고는 점점 커지고, 그 안에 넣어 두는 음식은 하나둘씩 늘어난다.
>
> 또한 냉장고는 당장 소비할 필요가 없는 것들을 사게 한다. 그리하여 애꿎은 생명을 필요 이상으로 죽게 만들어서 생태계의 균형을 무너뜨린다. 짐승이나 물고기 등을 마구 잡고, 당장 죽이지 않아도 될 수많은 가축을 죽여 냉장고 안에 보관하게 한다. 대부분의 가정집 냉장고에는 양의 차이는 있지만 닭고기, 쇠고기, 돼지고기, 생선, 멸치, 포 등이 쌓여 있다. 이것을 전국적으로, 아니 전 세계적으로 따져 보면 엄청난 양이 될 것이다. 우리는 냉장고를 사용함으로써 애꿎은 생명들을 필요 이상으로 죽여 냉동하는 만행을 습관적으로 저지르고 있는 셈이다.

9. 다음 주어진 글의 중심내용으로 적절한 것은?

① 냉장고를 발 빠르게 공급해야 한다.

② 냉장고는 인심의 전달을 방해한다.

③ 냉장고는 과소비를 조장한다.

④ 현대 사회에서 냉장고는 '보관' 이상의 의미를 지닌다.

10. 빈칸에 들어갈 말로 적절한 것은?

① 냉장고의 사용으로 음식들의 유통기한이 늘어나고 있다.
② 우리는 냉장고를 쓰면서 인정을 잃어 간다.
③ 우리는 냉장고를 통해 안정적으로 식량을 확보할 수 있다.
④ 냉장고는 음식에 대한 보다 넓은 가능성을 제시한다.

11. 다음을 읽고, 빈칸에 들어갈 내용으로 가장 알맞은 것은?

조선시대의 신분제도는 기본적으로 양천제(良賤制)였다. 조선은 국역(國役)을 지는 양인을 보다 많이 확보하기 위해 양천제의 법제화를 적극 추진해 나갔다. 양천제에서 천인은 공민(公民)이 아니었으므로 벼슬할 수 있는 권리가 박탈되었다. 뿐만 아니라 양인·천인 모두가 지게 되어 있는 역(役)의 경우 천인에게 부과된 역은 징벌의 의미를 띤 신역(身役)의 성격으로 남녀 노비 모두에게 부과되었다. 그에 반해 양인이 지는 역은 봉공(奉公)의 의무라는 국역(國役)의 성격을 지닌 것으로 남자에게만 부과되었다.

한편 양인 내에는 다양한 신분계층이 존재하였다. 그 중에서도 양반과 중인, 향리, 서얼 등을 제외한 대부분의 사람들은 상민(常民)이라고 불렸다. 상민은 보통 사람이란 뜻이다. 상민은 어떤 독자적인 신분 결정 요인에 의해 구별된 범주가 아니라 양인 중에서 다른 계층을 제외한 잔여 범주라고 할 수 있다. 따라서 후대로 갈수록 양인의 계층 분화가 진행됨에 따라 상민의 성격은 더욱 분명해졌고 그 범위는 축소되었다. 그럼에도 불구하고 상민은 조선시대 신분제 아래에서 가장 많은 인구를 포괄하는 주요 신분 범주 중 하나였다.

상민은 특히 양반과 대칭되는 개념으로 사용되기 시작하였는데 반상(班常)이란 표현은 이런 의미를 포함하고 있다. _____ 상민은 현실적으로 피지배 신분의 위치에 있었지만 법적으로는 양인의 일원으로서 양반과 동등한 권리를 가지고 있었다. 정치적으로 상민은 양반처럼 과거에 응시하여 관직에 나아갈 수 있었고 관학에서 교육 받을 수 있는 권리를 가지고 있었다. 사회·경제적으로 거주 이전의 자유나 토지 소유 등 재산권 행사에 있어서도 상민과 양반의 차별은 없었다. 이는 상민이 양인의 일원이기 때문에 가능한 것이었다.

① 상민은 양반과 대칭되는 표현이었지만 양반과 동일한 대우를 받았다.
② 상민을 천하게 부를 때 '상놈'이라고 한 것도 양반과의 대칭을 염두에 둔 표현이라 할 수 있다.
③ 상민의 사전적 정의는 '양반이 아닌 보통 백성을 이르던 말'이다.
④ 상민은 양반과 대칭되는 개념이었지만 중인과는 동등한 지위였다.

12. 다음은 어느 글의 마지막 문단이다. 이 문단 앞에 올 내용으로 가장 적절한 것은?

오늘날 우리가 살고 있는 지구는 이른바 세계화와 신자유주의 경제에 따른 국제 분업 체제에 지배되고 있다. 그런데 이 지구는 생태학적으로 보면 사실 폐쇄계나 다름없다. 석유와 같은 지하자원도 언젠가는 고갈될 것이라는 사실을 생각하면 아바나 시민이 경험한 위기는 세계의 모든 도시가 머지않아 직면하게 될 사태의 예고편이라 할 수 있다. 다시 말해 쿠바는 특수한 정치 상황 때문에 지구의 미래를 좀 더 일찍 경험하게 된 것이다.

① 사회주의체제 유지 강화를 위한 쿠바의 노력
② 쿠바 정부와 미국 정부 간의 갈등
③ 자원이 고갈되고 산업시스템이 멈춘 아바나
④ 쿠바의 인권운동가들을 향한 끊임없는 탄압

13. 장미 3송이와 국화 4송이의 가격은 4300원이다. 장미 한 송이의 가격이 국화 한 송이의 가격보다 200원 싸다고 할 때, 장미 한 송이의 가격은?

① 500원
② 600원
③ 700원
④ 800원

14. 10개의 공 중 빨간 공이 3개 들어 있다. 영희와 철수 두 사람이 차례로 한 개씩 공을 꺼낼 때 두 사람 중 한 사람만이 빨간 공을 꺼낼 확률을 구하면? (단, 꺼낸 공은 다시 넣지 않는다)

① $\dfrac{2}{5}$

② $\dfrac{7}{15}$

③ $\dfrac{8}{15}$

④ $\dfrac{3}{5}$

15. 노새와 당나귀가 당근을 먹으려고 한다. 이 때 노새가 "네가 나한테 당근을 하나 주면 내가 가진 당근 수가 너의 두 배가 되고, 내가 너한테 당근을 하나 주면 우리는 같은 수의 당근을 가진다."고 말하였다. 노새와 당나귀가 처음에 가지고 있던 당근 수의 합은?

① 10개
② 11개
③ 12개
④ 13개

16. A기업의 워크숍에 1, 2년차 직원 50명이 참가하였다. 이 행사에 참가한 직원은 A, B 중 하나의 프로그램을 반드시 골라야 하고, 각 직원들이 고른 주제별 인원수는 표와 같다.

(단위 : 명)

구분	1년차	2년차	합계
A	8	12	20
B	16	14	30
합계	24	26	50

이 워크숍에서 참가한 직원 50명 중에서 임의로 선택한 1명이 1년차 직원일 때 이 직원이 주제 B를 고른 직원일 확률을 p_1이라 하고, 이 행사에 참가한 직원 50명 중에서 임의로 선택한 1명이 주제 B를 고른 직원일 때 이 직원이 1년차 직원일 확률을 p_2라 하자. $\dfrac{p_2}{p_1}$의 값은?

① $\dfrac{1}{2}$

② $\dfrac{3}{5}$

③ $\dfrac{4}{5}$

④ $\dfrac{3}{2}$

17. A, B 두 사람이 반대 방향으로 3.6km/h로 달리는데 기차가 지나갔다. A를 지나치는데 24초, B를 지나치는데 20초가 걸렸을 때 기차의 길이는?

① 120m

② 180m

③ 240m

④ 300m

18. 어느 고등학교의 학년별 학생 수는 같다. 1학년 여학생 수는 2학년 남학생 수와 같고, 3학년 여학생 수는 전체 여학생 수의 $\frac{2}{5}$ 이다. 3학년 여학생 수가 전체 학생수의 $\frac{b}{a}$ 일 때, $a+b$ 의 값은 얼마인가? (단, a와 b는 서로소인 자연수이다)

① 9

② 10

③ 11

④ 12

▌19~21▐ 다음 제시된 숫자의 배열을 보고 규칙을 찾아 빈칸에 들어갈 알맞은 수를 구하시오.

19.

13　5　18　23　41　64　105　( )

① 169

② 160

③ 159

④ 148

20.

98　99　97　100　96　( )　95　102

① 111

② 101

③ 91

④ 92

21.

$$13@11=1 \qquad 22@25=8$$
$$15@32=4 \qquad (19@21)@15=(\quad)$$

① 6

② 5

③ 4

④ 3

22. A, B를 포함한 6명의 직원이 정육각형 모양의 탁자에 그림과 같이 둘러앉아 주사위 한 개를 사용하여 다음 규칙을 따르는 시행을 한다.

> 주사위를 가진 사람이 주사위를 던져 나온 눈의 수가 3의 배수이면 시계 방향으로, 3의 배수가 아니면 시계 반대 방향으로 이웃한 사람에게 주사위를 준다.

A부터 시작하여 이 시행을 5번 한 후 B가 주사위를 가지고 있을 확률은?

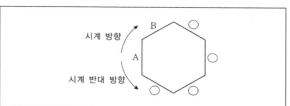

① $\frac{4}{27}$

② $\frac{2}{9}$

③ $\frac{8}{27}$

④ $\frac{10}{27}$

23. 다음은 교통수단에 따른 A씨의 만보기 측정값과 소비열량에 대한 자료이다. A씨가 버스 타는 날의 평균 만보기 측정값은 얼마인가?

	교통수단	만보기 측정값	소비 열량
1일	택시	9,500	2,800
2일	버스	11,500	2,900
3일	버스	14,000	2,700
4일	버스	12,000	2,700
5일	버스	11,500	2,800
6일	버스	12,000	2,800
7일	버스	12,000	2,700
8일	버스	11,000	2,700
9일	택시	8,500	2,400
10일	버스	11,000	2,700

① 11,984
② 11,875
③ 11,235
④ 10,887

24. 서울 출신 두 명과 강원도 출신 두 명, 충청도, 전라도, 경상도 출신 각 1명이 다음의 조건대로 줄을 선다. 앞에서 네 번째에 서는 사람의 출신지역은 어디인가?

- 충청도 사람은 맨 앞 또는 맨 뒤에 선다.
- 서울 사람은 서로 붙어 서있어야 한다.
- 강원도 사람 사이에는 다른 지역 사람 1명이 서있다.
- 경상도 사람은 앞에서 세 번째에 선다.

① 서울
② 강원도
③ 충청도
④ 전라도

25. 다음은 유진이가 학교에 가는 요일에 대한 설명이다. 이들 명제가 모두 참이라고 가정할 때, 유진이가 학교에 가는 요일은?

- ㉠ 목요일에 학교에 가지 않으면 월요일에 학교에 간다.
- ㉡ 금요일에 학교에 가지 않으면 수요일에 학교에 가지 않는다.
- ㉢ 수요일에 학교에 가지 않으면 화요일에 학교에 간다.
- ㉣ 월요일에 학교에 가면 금요일에 학교에 가지 않는다.
- ㉤ 유진이는 화요일에 학교에 가지 않는다.

① 월, 수
② 월, 수, 금
③ 수, 목, 금
④ 수, 금

26. 지원이는 손님 응대에 능하고 영어를 조금 할 수 있다. 성훈이는 일본어를 능숙하게 구사할 수 있고 도윤이는 영어와 중국어를 할 수 있다. 판매 사원 모집 공고에서 화장품 매장에서는 일본어 능숙자를, 구두 매장과 악기 매장에서는 영어 능숙자를 우대하며 악기 매장의 경우 손님에게 제품을 설명하는 일이 주된 업무이기 때문에 손님 응대를 잘 할 수 있는 사람을 원한다. 세 사람이 지원할 매장이 옳게 짝지어진 것은?

① 지원 – 화장품 매장
② 성훈 – 악기 매장
③ 도윤 – 악기 매장
④ 성훈 – 화장품 매장

27. 지하철 10호선은 총 6개의 주요 정거장을 경유한다. 주어진 조건이 다음과 같고, C가 4번째 정거장일 때, E 바로 전의 정거장이 될 수 있는 것은?

- 지하철 10호선은 순환한다.
- 주요 정거장을 각각 A, B, C, D, E, F라고 한다.
- E는 3번째 정거장이다.
- B는 6번째 정거장이다.
- D는 F의 바로 전 정거장이다.
- C는 A의 바로 전 정거장이다.

① F
② E
③ D
④ B

28. 다음 중 천지가 가장 첫 번째로 탄 놀이기구는 무엇인가?

- 천지는 놀이공원에서 놀이기구 A, B, C, D, E를 한 번씩 타고 왔다.
- B를 타기 직전에 D를 탔다.
- C보다 A를 먼저 탔다.
- E를 타기 바로 전에 점심을 먹었다.
- A를 포함한 놀이기구 3개는 점심을 먹고 난 후에 탔다.

① A
② B
③ C
④ D

29. 다음 진술이 참이 되기 위해서 꼭 필요한 전제를 보기에서 모두 고르시오.

가이드는 신뢰할 수 있는 사람이다.

〈보기〉
㉠ 가이드는 많은 정보를 알고 있다.
㉡ 가이드는 관광객들을 이끈다.
㉢ 가이드는 누구에게나 친절하다.
㉣ 고민이 많은 사람은 성공과 실패를 할 수 있는 사람이다.
㉤ 많은 정보를 알고 있는 사람은 신뢰할 수 있는 사람이다.
㉥ 독서를 많이 하는 사람은 다양한 어휘를 사용할 수 있는 사람이다.

① ㉠㉣
② ㉠㉤
③ ㉡㉣
④ ㉡㉤

▌30~31 ▌ 다음 〈표〉는 2022년과 2023년 甲사의 창업 아이디어 공모자를 대상으로 직업과 아이디어 진행 단계를 조사한 자료이다. 물음에 답하시오.

〈창업아이디어 공모자의 직업 구성〉

(단위 : 명, %)

직업	2022		2023		합계	
	인원	비율	인원	비율	인원	비율
교수	34	4.2	183	12.5	217	9.6
연구원	73	9.1	118	8.1	ⓐ	8.4
대학생	17	2.1	74	5.1	91	4.0
대학원생	31	3.9	93	6.4	ⓑ	5.5
회사원	297	37.0	567	38.8	864	38.2
기타	350	43.6	425	29.1	775	34.3
계	802	100	1,460	100	2,262	100

〈창업아이디어 공모자의 아이디어 진행단계〉

(단위 : 명, %)

창업단계	2022	2023	합계	
			인원	비중
구상	79	158	237	10.5
기술개발	291	668	959	42.4
시제품제작	140	209	ⓒ	15.4
시장진입	292	425	717	31.7
계	802	1,460	1,913	100

※ 복수응답 및 무응답은 없음

30. 주어진 자료에 대한 설명으로 옳은 것은?

① 2023년 회사원 공모자의 전년대비 증가율은 90%를 넘지 못한다.
② 창업아이디어 공모자의 직업 구성의 1위와 2위는 2022년과 2023년 동일하다.
③ 2022년에 기술개발단계에 공모자수의 비중은 40% 이상이다.
④ 기술개발단계에 있는 공모자수 비중의 연도별 차이는 시장진입단계에 있는 공모자수 비중의 연도별차이보다 크다.

31. 제시된 자료에서 ⓐ~ⓒ에 들어갈 수의 합은?

① 436
② 541
③ 664
④ 692

32. A, B, C, D, E, F가 달리기 경주를 하여 보기와 같은 결과를 얻었다. 1등부터 6등까지 순서대로 나열한 것은?

> ㉠ A는 D보다 먼저 결승점에 도착하였다.
> ㉡ E는 B보다 더 늦게 도착하였다.
> ㉢ D는 C보다 먼저 결승점에 도착하였다.
> ㉣ B는 A보다 더 늦게 도착하였다.
> ㉤ E가 F보다 더 앞서 도착하였다.
> ㉥ C보다 먼저 결승점에 들어온 사람은 두 명이다.

① A – D – C – B – E – F
② A – D – C – E – B – F
③ F – E – B – C – D – A
④ B – F – C – E – D – A

33. 다음과 같이 화살표 방향으로 종이를 접어 가위로 잘라 낸 뒤 펼친 모양에 해당하는 것을 고르시오

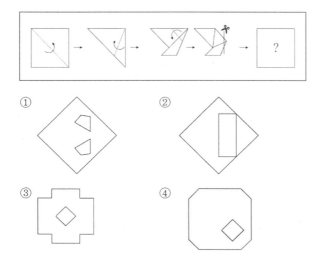

34. 다음 전개도를 접었을 때 나타나는 정육면체의 모양이 아닌 것을 고르시오.

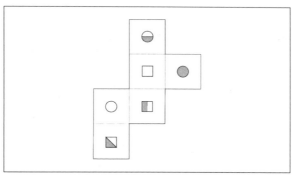

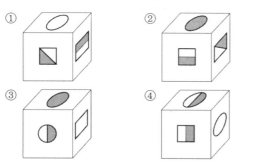

35. 다음 주어진 부분도를 보고 알맞은 입체도형을 고르시오.

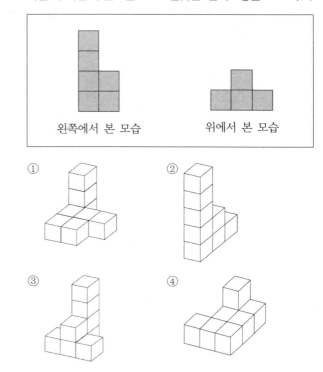

36. 다음 제시된 그림과 같이 쌓기 위해 필요한 블록 수를 구하시오.

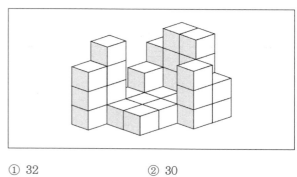

① 32   ② 30
③ 28   ④ 26

37. 다음 도형을 펼쳤을 때 나타날 수 있는 전개도를 고르시오.

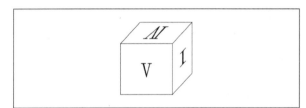

①
```
      Ⅱ
Ⅲ  Ⅴ  Ⅳ  Ⅵ
      Ⅰ
```

②
```
      Ⅳ
Ⅰ  Ⅱ  Ⅲ  Ⅴ
      Ⅵ
```

③
```
      Ⅲ
Ⅳ  Ⅴ  Ⅰ  Ⅱ
      Ⅵ
```

④
```
      Ⅱ
Ⅴ  Ⅰ  Ⅳ  Ⅵ
      Ⅲ
```

38. 다음에 제시된 세 개의 단면을 참고하여 해당하는 입체 도형을 고르시오.

평면	정면	우측면

①

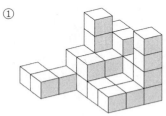

②

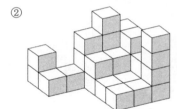

③

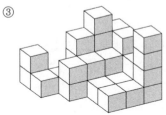

④

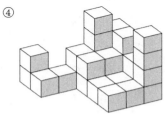

39. 다음 제시된 두 도형을 결합했을 때 만들 수 없는 형태를 고르시오.

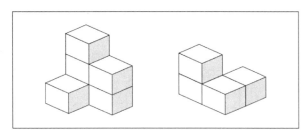

① 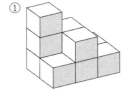　　②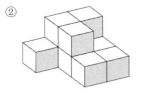

③ 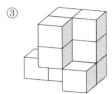　　④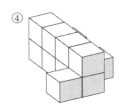

40. 아래의 기호/문자 무리에 제시되지 않은 것은?

① ↰　　　② ⇔

③ ⌒　　　④ ⇛

41. 다음 아래 기호/문자 무리 중 '도랑'는 몇 번 제시되었나?

도로	도민	도호	도중	도도	도랑
도해	도편	도진	도보	도현	도가
도린	도하	도난	도참	도용	도기
도도	도담	도겸	도성	도모	도첨
도서	도가	도토	도정	도포	도서
도청	도쿄	도랑	도희	도담	도호

① 0

② 1

③ 2

④ 3

42. 다음 제시된 세 개의 단면을 참고하여 해당되는 입체도형을 고르시오.

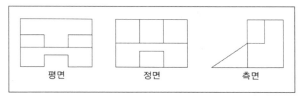

① 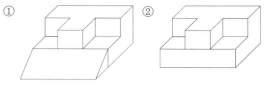　　②

③ 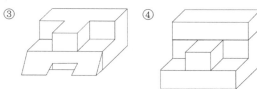　　④

43. 다음 제시된 그림을 반시계 방향으로 90° 회전시킨 결과 나타나는 모양으로 옳은 것은?

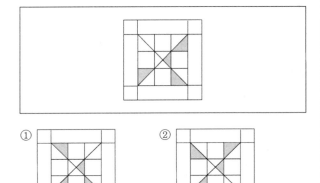

① 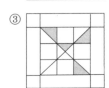 ②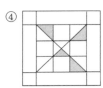

③ 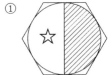 ④

③ ④

44. 다음 도형의 일정한 규칙을 찾아 ?에 들어갈 알맞은 도형을 고르시오.

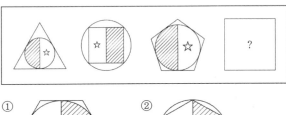

45. 다음 제시된 입체 중에서 나머지와 모양이 다른 하나를 고르시오.

①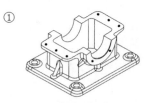

②

③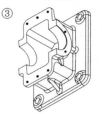

④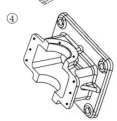

절 취 선

부산광역시교육청

모의고사

성명

(자 필 성 명)

성 명

생 년 월 일

1	① ② ③ ④	21	① ② ③ ④	41	① ② ③ ④
2	① ② ③ ④	22	① ② ③ ④	42	① ② ③ ④
3	① ② ③ ④	23	① ② ③ ④	43	① ② ③ ④
4	① ② ③ ④	24	① ② ③ ④	44	① ② ③ ④
5	① ② ③ ④	25	① ② ③ ④	45	① ② ③ ④
6	① ② ③ ④	26	① ② ③ ④		
7	① ② ③ ④	27	① ② ③ ④		
8	① ② ③ ④	28	① ② ③ ④		
9	① ② ③ ④	29	① ② ③ ④		
10	① ② ③ ④	30	① ② ③ ④		
11	① ② ③ ④	31	① ② ③ ④		
12	① ② ③ ④	32	① ② ③ ④		
13	① ② ③ ④	33	① ② ③ ④		
14	① ② ③ ④	34	① ② ③ ④		
15	① ② ③ ④	35	① ② ③ ④		
16	① ② ③ ④	36	① ② ③ ④		
17	① ② ③ ④	37	① ② ③ ④		
18	① ② ③ ④	38	① ② ③ ④		
19	① ② ③ ④	39	① ② ③ ④		
20	① ② ③ ④	40	① ② ③ ④		

생년월일 기입란: ⓪ ① ② ③ ④ ⑤ ⑥ ⑦ ⑧ ⑨

부산광역시교육청
교육공무직원
제3회 모의고사

성명		생년월일	
문제 수(배점)	45문항	풀이시간	/ 50분
영역	직무능력검사		
비고	객관식 4지선다형		

각 문제에서 가장 적절한 답을 하나만 고르시오.

1. 다음 제시된 단어의 뜻을 고르면?

> 귀결

① 상대방의 의견을 높이는 말
② 끝을 맺음
③ 본보기가 될 만한 것
④ 세상에 보기 드문 솜씨

2. 단어의 상관관계를 파악하고 ( ) 안에 알맞은 단어를 넣으시오.

> 상전벽해(桑田碧海) : 능곡지변(陵谷之變)
> = 맥수지탄(麥秀之嘆) : ( )

① 망국지한(亡國之恨)
② 감탄고토(甘呑苦吐)
③ 유유상종(類類相從)
④ 풍비박산(風飛雹散)

3. 다음 제시된 사자성어의 의미로 적절한 것은?

> 청운지지

① 편안한 마음으로 제 분수를 지키며 만족할 줄을 앎
② 높은 지위에 오르고자 하는 욕망
③ 자연의 아름다운 풍경
④ 자연 풍경을 구경하며 즐김을 이르는 말

4. 다음 중 바르게 쓰인 표현을 고르면?

① 수출량을 2배 이상 늘릴 수 있도록 최선을 다 합시다.
② 옷을 달이다 말고 어디를 가는 게냐?
③ 벌인 입을 다물지 못하고 서 있었다.
④ 우리 가족은 삼팔선을 너머 남으로 내려왔다.

5. 단어의 상관관계를 파악하고 ㉠과 ㉡안에 들어갈 단어로 적절한 것을 고르시오.

> (㉠) : 넉넉하다 = 강물 : (㉡)

① ㉠ : 재물   ㉡ : 온유하다
② ㉠ : 마음   ㉡ : 유유하다
③ ㉠ : 인정   ㉡ : 한적하다
④ ㉠ : 재산   ㉡ : 초라하다

6. 다음 중 띄어쓰기가 바르지 않은 문장은?

① 교실에는 책상, 걸상 등이 있다.
② 네가 알 바 아니다.
③ 이상은 위에서 지적한 바와 같습니다.
④ 그가 떠난지 벌써 1년이 지났다.

7. 다음 의미를 나타내는 사자성어로 옳은 것을 고르시오.

> 정도를 지나침은 미치지 못함과 같다.

① 구절양장(九折羊腸)
② 국사무쌍(國士無雙)
③ 군맹무상(群盲撫象)
④ 과유불급(過猶不及)

8. 다음 중 제시된 문장의 빈칸에 들어갈 단어가 알맞게 짝지어진 것을 고르시오.

> • 공사를 (　)하다.
> • 정기 간행물을 (　)하다.
> • 시대의 흐름을 (　)하다.

① 발행(發行) − 시행(施行) − 역행(逆行)
② 발행(發行) − 역행(逆行) − 시행(施行)
③ 역행(逆行) − 발행(發行) − 시행(施行)
④ 시행(施行) − 발행(發行) − 역행(逆行)

9. 다음의 목차에 따라 글을 쓰고자 한다. 글쓰기에 대한 의견으로 적절하지 않은 것은?

> 제목 : 전산망 보호를 위한 방화벽 시스템의 도입에 대한 제안
> Ⅰ. 전산망 보호를 위한 방화벽 시스템의 개념
> Ⅱ. 방화벽 시스템의 필요성
> Ⅲ. 방화벽 시스템의 종류
> Ⅳ. 방화벽 시스템의 문제점과 한계
> Ⅴ. 방화벽 시스템의 운영 비용

① 보유 정보가 해커들로부터 보호할 만한 가치가 있는 것인지에 대한 검토가 Ⅰ에서 이루어져야지.
② 내부 네트워크의 자원 및 정보에 대한 해커들의 불법 침입으로 인한 피해 사례를 Ⅱ에서 다루는 게 좋겠어.
③ Ⅲ에서는 전산망 보호를 위한 방화벽 시스템을 종류별로 살피면서 각 시스템의 장점과 단점도 제시할 수 있어야지.
④ Ⅳ의 내용은 이 글의 흐름으로 보아 목차의 하나로 배치하기에는 문제가 있어. 방화벽 도입의 필요성을 다시 한 번 강조하는 결론을 별개의 장으로 설정하고, 거기에서 간단하게만 언급해야 할 것 같아.

10. 다음 글의 주제와 가장 가까운 것은?

> 1960년대 중반 생물학계에는 조지 윌리엄스와 윌리엄 해밀턴이 주도한 일대 혁명이 일어났다. 리처드 도킨스의 '이기적 유전자'라는 개념으로 널리 알려지게 된 이 혁명의 골자는, 어떤 개체의 행동을 결정하는 일관된 기준은 그 소속 집단이나 가족의 이익도 아니고 그 개체 자신의 이익도 아니고, 오로지 유전자의 이익이라는 것이다. 이 주장은 많은 사람들에게 충격으로 다가왔다. 인간은 또 하나의 동물일 뿐 아니라, 자신의 이익을 추구하는 유전자들로 구성된 협의체의 도구이자 일회용 노리개에 불과하다는 주장으로 이해되었기 때문이다. 그러나 '이기적 유전자' 혁명이 전하는 메시지는 인간이 철저하게 냉혹한 이기주의자라는 것이 아니다. 사실은 정반대이다. 그것은 오히려 인간이 왜 때로 이타적이고 다른 사람들과 잘 협력하는가를 잘 설명해 준다. 인간의 이타성과 협력이 유전자의 이익에도 도움이 되기 때문이다.

① 유전자의 이익이란 곧 개체의 이익이며 소속 집단의 이익이 되기도 한다.
② 인간은 유전자의 이익에 따라 행동하며 유전자의 이익이라는 관점에서 인간의 이타적인 행동을 설명할 수 있다.
③ 지구상의 모든 개체는 자신의 이익을 위해서만 행동한다.
④ 인간은 유전자의 이익을 위해 행동하기 때문에 그들의 이기적인 행동은 이해 받아야 한다.

11. 다음 주어진 문장이 들어갈 위치로 가장 적절한 곳을 고르시오.

> 논증은 크게 연역과 귀납으로 나뉜다.

> (가) 전제가 참이면 결론이 확실히 참인 연역 논증은 결론에서 지식이 확장되는 것처럼 보이지만, 실제로는 전제에 이미 포함된 결론을 다른 방식으로 확인하는 것일 뿐이다. (나) 반면 귀납 논증은 전제들이 모두 참이라고 해도 결론이 확실히 참이 되는 것은 아니지만 우리의 지식을 확장해 준다는 장점이 있다. (다) 여러 귀납 논증 중에서 가장 널리 쓰이는 것은 수많은 사례들을 관찰한 다음에 그것을 일반화하는 것이다. (라) 우리는 수많은 까마귀를 관찰한 후에 우리가 관찰하지 않은 까마귀까지 포함하는 '모든 까마귀는 검다.'라는 새로운 지식을 얻게 되는 것이다.

① (가) ② (나)
③ (다) ④ (라)

12. 다음 괄호 안에 들어갈 알맞은 접속어는?

> 우리는 좋지 않은 사람을 곧잘 동물에 비유한다. 욕에 동물이 많이 등장하는 것도 동물을 나쁘게 보기 때문이다. (   ) 정말 인간이 동물보다 좋은(선한) 것일까? 베르그는 오히려 "나는 인간을 알기 때문에 동물을 사랑한다."고 말하며 이를 부정한다. 인간은 인간을 속이지만 동물은 인간을 속이지 않는다는 것을 알고 인간에게 실망한 사람들이 동물에게 더 많은 애정을 보인다. 인간보다 더 잔인한 동물이 없다는 것은 인간의 역사가 증명하고 있다. 필요 없이 다른 동물을 죽이는 일을 인간 외에 어느 동물이 한단 말인가?

① 그럼에도 ② 예를 들면
③ 또한 ④ 하지만

13. 다음은 코로나19로 인한 등교 관련 가정통신문이다. 이에 대한 설명으로 틀린 것은?

> **가정통신문**
>
> 교무기획부
>
> 코로나19 관련 학생 및 보호자 준수사항 알림
> 학부모님들께 드립니다.
>
> 어제 본교에서 확진자가 발생함에 따라 학부모님과 교직원의 걱정이 커지고 그에 따른 여러 가지 어려움에 봉착해 있습니다. 부모님이 걱정하시는 바, 저희 교직원 모두의 마음과 같습니다. 등교수업이나 원격수업 시행은 단위학교에서 결정하지 못하고 학교와 보건당국, 지역교육청의 협의에 따라 이루어지오니 결정된 사항에 대해서 적극 협조 부탁드립니다. 부모님의 마음을 충분히 헤아리고 있으면서도 그 마음을 충족시켜드리지 못해 죄송합니다. 거리두기 단계가 조정된다 해도 코로나19 상황이 종료되기까지는 안심해서는 안 됩니다. 당분간은 수업마치고 귀가하면 가급적 외출을 자제하고 사람이 많이 모이는 곳에 가지 않도록 지도해 주시기 부탁드립니다.
>
> 어느 때보다 위기감이 느껴지는 시기이오니 코로나19 관련 학생, 보호자 및 가족 준수사항을 확인하시어 가정 내에서 자녀의 건강한 생활지도가 이루어질 수 있도록 적극 협조하여 주시기를 간곡히 부탁드립니다.
>
> ※ 등교수업이 걱정되시는 학부모님은 반드시 담임선생님과 상담 후 체험학습(가정학습)을 신청하시기 바랍니다.
>
> 〈학생 준수사항〉
> ▫ 개인위생 관리를 철저히 합니다.
>   ① 식사 전, 화장실 이용 후, 학교에 다녀온 후(또는 외출 후) 집에 도착하자마자 비누(또는 손소독제)와 물로 손을 씻습니다.
>   ② 기침예절을 준수합니다.
>   ─기침을 할 때에는 휴지나 옷소매로 가리고/사용한 휴지는 바로 버린 후/반드시 비누와 물로 30초 이상 깨끗이 손 씻기

- 다음의 경우에는 등교하지 않고 담임선생님에게 알립니다.
  ① 37.5℃ 이상의 발열 또는 호흡기 증상이 나타난 경우
  ② 해외여행을 다녀왔거나 확진 환자와 접촉하여 자가격리 통지서를 받은 경우
  ③ 가족(동거인) 중 해외여행이나 확진 환자와의 접촉으로 자가격리 통지서를 받은 사람이 있는 경우
- 등교 중지된 경우 반드시 다음의 생활수칙을 준수합니다.
  ① 바깥 외출 금지
  ② 가능한 독립된 공간에서 혼자 생활하기
  ③ 식사는 혼자서 하기
  ④ 방문은 닫은 채 창문을 자주 열어 환기시키기

〈보호자 및 가족 준수사항〉

- 부모님께서는 매일 아침 자녀의 등교 전 체온과 호흡기증상 유무를 확인합니다.
- 자녀가 등교 중지된 경우 보호자께서는 반드시 다음의 내용을 준수하도록 자녀에게 교육합니다.
  ① 바깥 외출 금지
  ② 가능한 독립된 공간에서 혼자 생활하기
  ③ 식사는 혼자서 하기
  ④ 방문은 닫은 채 창문을 자주 열어 환기시키기
- 등교중지 중인 학생의 가족은 다음의 생활수칙을 준수합니다.
  ① 등교중지 중인 학생의 건강상태(발열, 호흡기 증상 등)를 매일 주의 깊게 관찰합니다.
  ② 등교중지 기간 동안 가족 또는 동거인은 최대한 등교중지 중인 학생과 접촉하지 않도록 합니다.
  -특히, 노인, 임산부, 소아, 만성질환자, 암 환자 등 면역력이 저하된 분은 접촉을 금지합니다.
  -외부인의 방문도 제한합니다.
  ③ 등교중지 중인 학생과 독립된 공간에서 생활하시고, 공용으로 사용하는 공간은 자주 환기를 시킵니다.

④ 개인 물품(수건, 식기류 등)을 사용하도록 하며, 화장실, 세면대를 공용으로 사용한다면 사용 후 소독(가정용 소독제)하고 다른 사람이 사용하도록 합니다.

① 등교중지 기간 동안 가족 또는 동거인은 최대한 등교중지 중인 학생과 접촉하지 않도록 하여야 한다.
② 37.5℃ 이상의 발열 또는 호흡기 증상이 나타난 경우 담임선생님께 알리어 등교 여부를 결정하도록 한다.
③ 본교에서 확진자가 발생하여 학생 및 보호자에게 준수사항을 가정통신문으로 발송하였다.
④ 등교 중지된 학생의 생활수칙과 보호자가 교육하여야 할 생활수칙의 내용은 동일하다.

|14~17| 다음 제시된 숫자의 배열을 보고 규칙을 찾아 빈칸에 들어갈 숫자를 구하시오.

14.
| 7 14 15 19 ( ) |

① 17
② 20
③ 23
④ 27

15.
| 12 4 24 8 ( ) |

① 38
② 46
③ 48
④ 50

16.

$$\frac{3}{11} \quad \frac{9}{14} \quad \frac{12}{23} \quad \frac{21}{35} \quad \frac{33}{(\ \ )}$$

① 54 　　　　② 55
③ 56 　　　　④ 57

17.

$$3!7=5 \quad 4!3=13 \quad 6!9=15 \quad 7!(\ \ )=18$$

① 9 　　　　② 10
③ 11 　　　　④ 12

18. 어느 인터넷 사이트에서 회원을 대상으로 행운권 추첨 행사를 하고 있다. 행운권에 당첨될 확률은 $\frac{1}{3}$이고, 당첨되는 경우에는 회원 점수가 5점, 당첨되지 않는 경우에는 1점 올라간다. 행운권 추첨에 4회 참여하여 회원 점수가 16점 올라갈 확률은? (단, 행운권을 추첨하는 시행은 서로 독립이다)

① $\frac{8}{81}$ 　　　　② $\frac{10}{81}$
③ $\frac{4}{27}$ 　　　　④ $\frac{14}{81}$

19. 5%의 소금물과 15%의 소금물로 12%의 소금물 200g을 만들고 싶다. 각각 몇 g씩 섞으면 되는가?

	5% 소금물	15% 소금물
①	40g	160g
②	50g	150g
③	60g	140g
④	70g	130g

20. 어떤 상품을 40% 이상의 이익이 남게 정가를 정한 후 결국 할인을 30%해서 9,800원으로 판매하였다. 원가는 얼마인가?

① 9,400원 　　　　② 9,600원
③ 9,800원 　　　　④ 10,000원

21. 다음은 지난 분기의 국가기술자격 등급별 시험 시행 결과이다. ⓐ와 ⓑ에 들어갈 수로 적절한 것은?

〈국가기술자격 등급별 시험 시행 결과〉

구분 등급	필기			실기		
	응시자	합격자	합격률	응시자	합격자	합격률
기술사	19,327	2,056	10.6	3,173	1,919	60.5
기능장	21,651	9,903	ⓐ	16,390	4,862	29.7
기사	345,833	135,170	39.1	210,000	89,380	42.6
산업 기사	210,814	78,209	37.1	101,949	49,993	ⓑ
기능사	916,224	423,269	46.2	752,202	380,198	50.5
전체	1,513,849	648,607	42.8	1,083,714	526,352	48.6

※ 합격률(%) $= \dfrac{\text{합격자}}{\text{응시자}} \times 100$

	ⓐ	ⓑ
①	45.7	49.0
②	44.2	48.5
③	45.7	48.5
④	42.2	49.0

22. 올림이는 200만 원짜리 DSLR 카메라를 사기 위해 하루에 6시간씩 아르바이트를 하였다. 아르바이트 시급이 5,000원이라면, 올림이는 며칠 동안 아르바이트를 하여야 하는가?

① 61일

② 63일

③ 65일

④ 67일

23. 다음은 갑국의 최종에너지 소비량에 대한 자료이다. 이에 대한 설명으로 옳은 것들로만 바르게 짝지어진 것은?

2019 ～ 2021년 유형별 최종에너지 소비량 비중

(단위 : %)

유형 연도	석탄		석유 제품	도시 가스	전력	기타
	무연탄	유연탄				
2019	2.7	11.6	53.3	10.8	18.2	3.4
2020	2.8	10.3	54.0	10.7	18.6	3.6
2021	2.9	11.5	51.9	10.9	19.1	3.7

2021년 부문별 유형별 최종에너지 소비량

(단위 : 천TOE)

유형 부문	석탄		석유 제품	도시 가스	전력	기타	합
	무연탄	유연탄					
산업	4,750	15,317	57,451	9,129	23,093	5,415	115,155
가정 · 상업	901	4,636	6,450	11,105	12,489	1,675	37,256
수송	0	0	35,438	188	1,312	0	36,938
기타	0	2,321	1,299	669	152	42	4,483
계	5,651	22,274	100,638	21,091	37,046	7,132	193,832

※ TOE는 석유 환산 톤수를 의미

⊙ 2019 ～ 2021년 동안 전력 소비량은 매년 증가한다.

ⓛ 2021에는 산업부문의 최종에너지 소비량이 전체 최종에너지 소비량의 50% 이상을 차지한다.

ⓒ 2019 ～ 2021년 동안 석유제품 소비량 대비 전력 소비량의 비율이 매년 증가한다.

ⓔ 2021년에는 산업부문과 가정 · 상업부문에서 유연탄 소비량 대비 무연탄 소비량의 비율이 각각 25% 이하이다.

① ⊙, ⓛ

② ⊙, ⓔ

③ ⓛ, ⓒ

④ ⓛ, ⓔ

24. 다음은 ○○고등학교 A반과 B반의 시험성적에 관한 표이다. 이에 대한 설명으로 옳지 않은 것은?

분류	A반 평균		B반 평균	
	남학생 (20명)	여학생 (15명)	남학생 (15명)	여학생 (20명)
국어	6.0	6.5	6.0	6.0
영어	5.0	5.5	6.5	5.0

① 국어 과목의 경우 A반 학생의 평균이 B반 학생의 평균보다 높다.

② 영어 과목의 경우 A반 학생의 평균이 B반 학생의 평균보다 낮다.

③ 2과목 전체 평균의 경우 A반 여학생의 평균이 B반 남학생의 평균보다 높다.

④ 2과목 전체 평균의 경우 A반 남학생의 평균은 B반 여학생의 평균과 같다.

25. 다음 글의 내용이 참일 때, 반드시 참인 것은?

전 세계적으로 금융위기로 인해 그 위기의 근원지였던 미국의 경제가 상당히 피해를 입었다. 미국에서는 경제 회복을 위해 통화량을 확대하는 양적완화 정책을 실시할 것인지를 두고 논란이 있었다. 미국의 양적완화는 미국 경제회복에 효과가 있겠지만, 국제 경제에 적지 않은 영향을 줄 수 있기 때문이다.

미국이 양적완화를 실시하면, 달러화의 가치가 하락하고 우리나라의 달러 환율도 하락한다. 우리나라의 달러 환율이 하락하면 우리나라의 수출이 감소한다. 우리나라 경제는 대외 의존도가 높기 때문에 경제의 주요 지표들이 개선되기 위해서는 수출이 감소하면 안 된다.

또 미국이 양적완화를 중단하면 미국 금리가 상승한다. 미국 금리가 상승하면 우리나라 금리가 상승하고, 우리나라 금리가 상승하면 우리나라에 대한 외국인 투자가 증가한다. 또한 우리나라 금리가 상승하면 우리나라의 가계부채 문제가 심화된다. 가계부채 문제가 심화되는 나라의 국내 소비는 감소한다. 국내 소비가 감소하면, 경제의 전망이 어두워진다.

① 우리나라의 수출이 증가했다면 달러화 가치가 하락했을 것이다.
② 우리나라의 가계부채 문제가 심화되었다면 미국이 양적완화를 중단했을 것이다.
③ 우리나라 경제의 주요 지표들이 개선되었다면 우리나라의 달러 환율이 하락하지 않았을 것이다.
④ 우리나라의 국내 소비가 감소하지 않았다면 우리나라에 대한 외국인 투자가 감소하지 않았을 것이다.

26. 다음의 내용을 참고했을 때, 엘리베이터에서 3번째로 내리는 사람은 누구인가?

- 엘리베이터에 甲, 乙, 丙, 丁, 戊가 타고 있으며 각 층에서 한 명씩 내린다.
- 甲은 丁이 내린 다음 층에 내린다.
- 丙은 乙보다 나중에 내린다.
- 乙은 甲보다 먼저 내린다.
- 戊가 내릴 때 한 사람만 남아 있다.

① 甲
② 乙
③ 丙
④ 丁

27. 민수, 영민, 민희 세 사람이 제주도로 여행을 가려고 하는데 제주도까지 가는 방법에는 고속버스 → 배 → 지역버스, 자가용 → 배, 비행기의 세 가지가 있다. 민수는 고속버스를 타기 싫어하고 영민이는 자가용 타는 것을 싫어한다면, 이 세 사람이 선택할 가장 좋은 방법은?

① 고속버스, 배
② 자가용, 배
③ 비행기
④ 지역버스, 배

28. A, B, C, D 네 명이 원탁에 둘러앉았다. A는 B의 오른쪽에 있고, B와 C는 마주보고 있다. D의 왼쪽과 오른쪽에 앉은 사람을 차례대로 바르게 짝지은 것은?

① B - A
② B - C
③ C - B
④ A - C

29. 쓰레기를 무단 투기하는 사람을 찾기 위해 고심하던 아파트 관리인 세상씨는 다섯 명의 입주자 A, B, C, D, E를 면담했다. 이들은 각자 다음과 같이 이야기를 했다. 이 가운데 두 사람의 이야기는 모두 거짓인 반면, 세 명의 이야기는 모두 참이라고 한다. 다섯 명 가운데 한 명이 범인이라고 할 때 쓰레기를 무단 투기한 사람은 누구인가?

> • A : 쓰레기를 무단 투기하는 것을 나와 E만 보았다. B의 말은 모두 참이다.
> • B : 쓰레기를 무단 투기한 것은 D이다. D가 쓰레기를 무단 투기하는 것을 E가 보았다.
> • C : D는 쓰레기를 무단 투기하지 않았다. E의 말은 참이다.
> • D : 쓰레기를 무단 투기하는 것을 세 명의 주민이 보았다. B는 쓰레기를 무단 투기하지 않았다.
> • E : 나와 A는 쓰레기를 무단 투기하지 않았다. 나는 쓰레기를 무단 투기하는 사람을 아무도 보지 못했다.

① B
② C
③ D
④ E

30. 다음과 같은 구조를 가진 어느 호텔에 A~H 8명이 투숙하고 있고, 알 수 있는 정보가 다음과 같다. B의 방이 204호일 때, D의 방은? (단, 한 방에는 한 명씩 투숙한다)

a라인	201	202	203	204	205
복도					
b라인	210	209	208	207	206

> • 비어있는 방은 한 라인에 한 개씩 있고, A, B, F, H는 a라인에, C, D, E, G는 b라인에 투숙하고 있다.
> • A와 C의 방은 복도를 사이에 두고 마주보고 있다.
> • F의 방은 203호이고, 맞은 편 방은 비어있다.
> • C의 오른쪽 옆방은 비어있고 그 옆방에는 E가 투숙하고 있다.
> • B의 옆방은 비어있다.
> • H와 D는 누구보다 멀리 떨어진 방에 투숙하고 있다.

① 202호
② 205호
③ 206호
④ 207호

31. 다음 중 기울기가 가장 완만한 코스는 무엇인가?

> • M스키장에는 총 4개의 코스(A, B, C, D)가 있다.
> • 길이가 짧은 코스일수록 기울기가 가파르고, 긴 코스일수록 기울기가 완만하다.
> • A코스는 B코스보다 길지만, D코스보다는 짧다.
> • C코스는 A코스보다 기울기가 완만하다.
> • D와 A코스의 순서 차이는 C와 B코스의 순서 차이와 같다.

① A
② B
③ C
④ D

32. 다음 중 항상 옳은 것은?

> • 나와 외할아버지의 혈액형은 O형이다.
> • 나의 친할아버지의 혈액형은 AB형이다.
> • 나의 부모님은 모두 O형이 아니지만 나의 혈액형은 O형이다.

① 어머니의 혈액형을 알면 외할머니의 혈액형을 알 수 있다.
② 친할머니의 혈액형이 A형이라면 아버지의 혈액형은 A형 또는 B형이다.
③ 아버지의 O유전자는 친할아버지에게 받은 것이다.
④ 어머니의 혈액형은 AB형이다.

33. A, B, C, D, E는 4시에 만나서 영화를 보기로 약속했다. 이들이 도착한 것이 다음과 같다면 옳은 것은?

> • A 다음으로 바로 B가 도착했다.
> • B는 D보다 늦게 도착했다.
> • B보다 늦게 온 사람은 한 명뿐이다.
> • D는 가장 먼저 도착하지 못했다.
> • 동시에 도착한 사람은 없다.
> • E는 C보다 일찍 도착했다

① D는 두 번째로 약속장소에 도착했다.
② C는 약속시간에 늦었다.
③ A는 가장 먼저 약속장소에 도착했다.
④ E는 제일 먼저 도착하지 못했다.

34. 다음과 같이 화살표 방향으로 종이를 접었을 때의 뒷면의 모양에 해당하는 것을 고르시오.

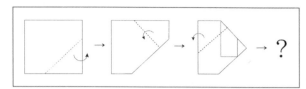

①

②

③

④

35. 다음 제시된 〈보기〉의 블록이 도형 A, B, C를 조합하여 만들어질 때, 도형 C에 해당하는 것을 고르시오.

〈보기〉	도형 A	도형 B	도형 C

①

②

③

④

36. 다음 전개도를 접었을 때 나타나는 정육면체의 모양이 아닌 것을 고르시오.

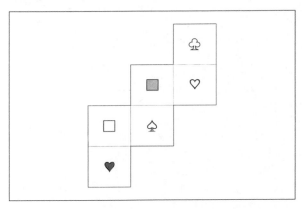

①

②

③

④

37. 다음 제시된 두 도형을 결합했을 때 만들 수 없는 형태를 고르시오.

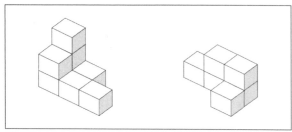

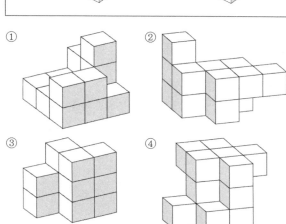

38. 제시된 블록에서 바닥에 닿은 면을 제외하고 어디서도 보이지 않는 블록의 개수를 구하시오.

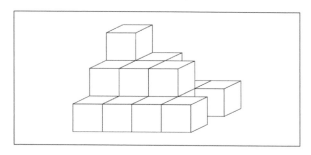

① 0개   ② 1개

③ 2개   ④ 3개

39. 좌우를 비교하여 배열과 문자가 틀린 것이 몇 개인지 고르시오.

> dsf5dfs73w19g – dsp5bts23v19g

① 7개   ② 5개

③ 3개   ④ 1개

40. 아래의 기호/문자 무리에 제시되지 않은 것은?

∴	∺	∹	∴	≕	∷
∴	∶	∵	∷	∷	≑
÷	∸	≒	∹	∴	⊞
∷	∴	≑	∻	÷	∴
≓	∴	⊟	∴	≒	÷
≈	÷	⋯	∷	≒	⊶

① ⊶   ② ≑

③ ÷   ④ ∴

41. 주어진 보기를 참고하여 제시된 단어가 바르게 표기된 것을 고르시오.

> 〈보기〉
> 1=이   2=상   3=대   4=명   5=학
> 6=공   7=생   8=교   9=경   0=보

> 이 경 상 교 대 학

① 1 9 2 8 3 5   ② 1 9 7 6 3 5

③ 1 9 7 8 3 5   ④ 1 9 2 6 3 5

▌42~43 ▌ 다음 도형의 일정한 규칙을 찾아 ?에 들어갈 알맞은 도형을 고르시오.

42.

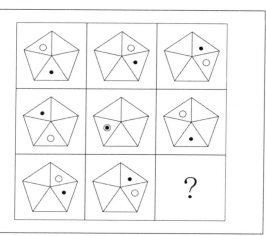

① 　　②

③ 　　④

43.

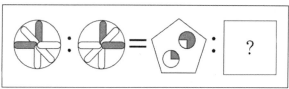

① 　　②

③ 　　④

44. 다음 제시된 그림을 회전시켰을 경우에 그림과 다른 것을 고르시오.

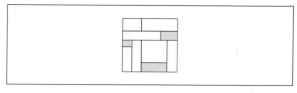

① 　　②

③ 　　④

45. 다음의 제시된 도형을 조합하여 만들어진 것을 고르시오.

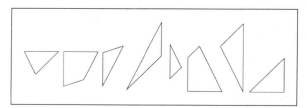

① 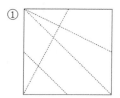　　②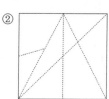

③ 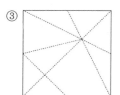　　④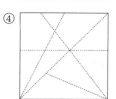

부산광역시교육청
모의고사

성 명

(자 필 성 명)

성 별

생 년 월 일

⓪	⓪	⓪	⓪	⓪	⓪	⓪	⓪	⓪
①	①	①	①	①	①	①	①	①
②	②	②	②	②	②	②	②	②
③	③	③	③	③	③	③	③	③
④	④	④	④	④	④	④	④	④
⑤	⑤	⑤	⑤	⑤	⑤	⑤	⑤	⑤
⑥	⑥	⑥	⑥	⑥	⑥	⑥	⑥	⑥
⑦	⑦	⑦	⑦	⑦	⑦	⑦	⑦	⑦
⑧	⑧	⑧	⑧	⑧	⑧	⑧	⑧	⑧
⑨	⑨	⑨	⑨	⑨	⑨	⑨	⑨	⑨

번호	①	②	③	④	번호	①	②	③	④	번호	①	②	③	④
1	①	②	③	④	21	①	②	③	④	41	①	②	③	④
2	①	②	③	④	22	①	②	③	④	42	①	②	③	④
3	①	②	③	④	23	①	②	③	④	43	①	②	③	④
4	①	②	③	④	24	①	②	③	④	44	①	②	③	④
5	①	②	③	④	25	①	②	③	④	45	①	②	③	④
6	①	②	③	④	26	①	②	③	④					
7	①	②	③	④	27	①	②	③	④					
8	①	②	③	④	28	①	②	③	④					
9	①	②	③	④	29	①	②	③	④					
10	①	②	③	④	30	①	②	③	④					
11	①	②	③	④	31	①	②	③	④					
12	①	②	③	④	32	①	②	③	④					
13	①	②	③	④	33	①	②	③	④					
14	①	②	③	④	34	①	②	③	④					
15	①	②	③	④	35	①	②	③	④					
16	①	②	③	④	36	①	②	③	④					
17	①	②	③	④	37	①	②	③	④					
18	①	②	③	④	38	①	②	③	④					
19	①	②	③	④	39	①	②	③	④					
20	①	②	③	④	40	①	②	③	④					

절 취 선

부산광역시교육청 교육공무직원

제4회 모의고사

성명		생년월일	
문제 수(배점)	45문항	풀이시간	/ 50분
영역	직무능력검사		
비고	객관식 4지선다형		

＊ 유의사항 ＊

• 문제지 및 답안지의 해당란에 문제유형, 성명, 응시번호를 정확히 기재하세요.

• 모든 기재 및 표기사항은 "컴퓨터용 흑색 수성 사인펜"만 사용합니다.

• 예비 마킹은 중복 답안으로 판독될 수 있습니다.

각 문제에서 가장 적절한 답을 하나만 고르시오.

1. 다음에 제시된 단어와 비슷한 의미를 가진 단어는?

> 사리(事理)

① 이치
② 사욕
③ 이용
④ 사치

2. 다음에 제시된 단어와 의미가 상반된 단어는?

> 방임(坊任)

① 방치
② 자유
③ 방종
④ 통제

3. 다음 (   ) 안에 공통으로 들어가는 단어를 고르시오.

> • 그는 그 동안 숨겨둔 비자금으로 자산 (   )을/를 꾀하였다.
> • 조선 전기에는 나라에서 씨받이 소를 많이 길러 소의 개량과 (   )에 힘썼다.

① 분화(分化)
② 증식(增殖)
③ 증가(增加)
④ 비대(肥大)

4. 다음 제시된 의미의 사자성어를 올바르게 사용한 것을 고르시오.

> 굉장히 화가 나서 참지 못함

① 비분강개로 회사까지 망하다니 이를 어쩌면 좋니?
② 상대팀의 전술에 비분강개로 당하다니 그러고도 할 말이 있느냐?
③ 그 의병장은 비분강개하여 마을의 청년들을 모아놓고 의병조직을 일으켰다.
④ 휴~ 다치지 않았니? 갑자기 돌이 날아오다니. 비분강개했구나.

5. 다음 밑줄 친 단어 중, 바르게 표기한 것은?

① 오늘까지 반듯이 그 일을 끝내야 한다.
② 그는 원하는 대학을 들어가기 위해 꾸준이 공부했다.
③ 오늘날 우리는, 우리가 일찌기 경험해 보지 못한 새로운 환경에서 생활하고 있다.
④ 다행히 주위는 비교적 조용한 편이었고, 더욱이 내 곁에 앉아 있는 남녀는 말 한 마디도 없었다.

6. 다음 밑줄 친 단어와 같은 의미로 쓰인 것은?

> 어머니가 잔칫상을 봤다.

① 그는 늦게나마 손자를 보게 되었다.
② 손해를 보면서 물건을 팔 사람은 없다.
③ 찌개 맛 좀 봐 주세요.
④ 손님 주무실 자리를 봐 드려라.

7. 다음 중 제시된 단어가 나타내는 뜻을 모두 포괄할 수 있는 단어는?

> 죽이다 / 차지하다 / 알아내다 / 세우다

① 가지다
② 잡다
③ 삼키다
④ 설치하다

8. 다음을 잘 표현한 한자성어는?

> 나의 스승님은 항상 진리를 터득하기 위해 부단히 노력하는 모습을 보여주셨다. 하루는 스승님이 길을 걷던 중 김을 매고 있는 농부에게 무엇인가를 물어본 뒤 농부의 설명을 진지하게 듣는 모습을 보게 되었다. 내가 후에 스승님께 그 연유를 물으니 스승님은 "언제 어디서든 모르는 것이 있으면 그게 누구이든 물어봐야 하는 것이 진정한 학문이네." 라고 대답하셨다.

① 不恥下問
② 錦上添花
③ 難兄難弟
④ 男負女戴

9. 〈보기〉의 글이 들어갈 위치로 적절한 곳은?

> 〈보기〉
>
> 고대 그리스의 민주주의나 마그나 카르타(대헌장) 이후의 영국 민주주의는 귀족이나 특정 신분 계층만이 누릴 수 있는 체제였다.

> 민주주의, 특히 대중 민주주의의 역사는 생각보다 짧다. ① 우리가 흔히 알고 있는 대중 민주주의, 즉 모든 계층의 성인들이 1인 1표의 투표권을 행사할 수 있는 정치 체제는 영국에서 독립한 미국에서 시작되었다고 보는 것이 맞다. ② 하지만 미국에서조차도 20세기 초에야 여성에게 투표권을 부여하면서 제대로 된 대중 민주주의의 형태를 갖추게 되었다. ③ 유럽의 본격적인 민주주의 도입도 19세기 말에야 시작되었고, 유럽과 미국을 제외한 각국의 대중 민주주의의 도입은 이보다 훨씬 더 늦었다. ④

10. 밑줄 친 단어를 바꾸어 쓰기에 가장 적절하지 않은 것은?

> 공리주의자는 동일한 강도의 행복을 동등하게 고려한다. 즉 공리주의자들은 '나'의 행복이 '너'의 행복보다 더 도덕적 가치가 있다고 생각하지 않는다. 이런 점에서 볼 때 공리주의에서 행복이 누구의 것인가는 중요하지 않다. 하지만 누구의 행복인가 하는 질문이 행복 주체의 범위로 이해될 때에는 다르다. 이미 실제로 존재하고 있는 생명체의 행복만을 고려할 것인가, 아니면 앞으로 존재할 생명체의 행복까지 고려할 것인가? 이와 관련해서 철학자 싱어는 행복의 양을 증가시키는 방법에 대한 공리주의의 두 가지 견해를 구별한다. 하나는 '실제적 견해'로서, 이에 따르면 도덕적으로 중요한 것은 이미 실제로 존재하는 사람이 갖는 행복이지 아직 태어나지 않은 사람들의 행복이 아니다. 이와 구별되는 다른 견해는 '전체적 견해'이다. 이 견해에 따르면 이미 존재하고 있는 사람들의 행복의 양을 늘리는 것뿐 아니라 새로운 존재를 만들어 행복의 양을 늘리는 것도 도덕적으로 옳은 행동이다. 왜냐하면 실제로 존재하는 사람들의 불행과 아직 태어나지 않은 사람들의 행복은 상쇄될 수 있기 때문이다.

① 암시
② 관념
③ 소견
④ 의견

11. 다음 글에 대한 내용으로 가장 적절하지 않은 것은?

지속되는 불황 속에서도 남 몰래 웃음 짓는 주식들이 있다. 판매단가는 저렴하지만 시장점유율을 늘려 돈을 버는 이른바 '박리다매', '저가 실속형' 전략을 구사하는 종목들이다. 대표적인 종목은 중저가 스마트폰 제조업체에 부품을 납품하는 업체이다. A증권에 따르면 전 세계적으로 200달러 이하 중저가 스마트폰이 전체 스마트폰 시장에서 차지하는 비중은 2015년 11월 35%에서 지난 달 46%로 급증했다. 세계 스마트폰 시장 1등인 B전자도 최근 스마트폰 판매량 가운데 40% 가량이 중저가 폰으로 분류된다. 중저가용에 집중한 중국 C사와 D사의 2분기 세계 스마트폰 시장점유율은 전 분기 대비 각각 43%, 23%나 증가해 B전자나 E전자 10%대 초반 증가율보다 월등히 앞섰다. 이에 따라 국내외 스마트폰 업체에 중저가용 부품을 많이 납품하는 F사, G사, H사, I사 등이 조명 받고 있다.

주가가 바닥을 모르고 내려간 대형 항공주와는 대조적으로 저가항공주 주가는 최근 가파른 상승세를 보였다. J항공을 보유한 K사는 최근 두 달 새 56% 상승세를 보였다. 같은 기간 L항공을 소유한 M사 주가도 25% 가량 올랐다. 저가항공사 점유율 상승이 주가 상승으로 이어지는 것으로 보인다. 국내선에서 저가항공사 점유율은 2012년 23.5%에서 지난 달 31.4%까지 계속 상승해왔다. 홍길동 ○○증권 리서치센터 장은 "글로벌 복합위기로 주요국에서 저성장·저투자 기조가 계속되는 데다 개인들은 부채 축소와 고령화에 대비해야 하기 때문에 소비를 늘릴 여력이 줄었다."며 "값싸면서도 멋지고 질도 좋은 제품이 계속 주목받을 것"이라고 말했다.

① '박리다매' 주식은 F사, G사, H사, I사의 주식이다.
② 저가항공사 점유율은 계속 상승세를 보이고 있는 반면 대형 항공주는 주가 하락세를 보였다.
③ 글로벌 복합위기와 개인들의 부채 축소, 고령화 대비에 따라 값싸고 질 좋은 제품이 주목받을 것이다.
④ B전자가 주력으로 판매하는 스마트폰이 중저가 폰에 해당한다.

12. 괄호 안에 들어갈 말로 가장 적절한 것은?

현대 자본주의 사회에서 대중은 예술미보다 상품미에 더 민감하다. 상품미란 이윤을 얻기 위해 대량으로 생산하는 상품이 가지는 아름다움을 의미한다. ( )라고, 요즘은 생산자는 상품을 많이 팔기 위해 디자인과 색상에 신경을 쓰고, 소비자는 같은 제품이라도 겉모습이 화려하거나 아름다운 것을 구입하려고 한다. 결국 우리가 주위에서 보는 거의 모든 상품은 상품미를 추구하고 있다. 그래서인지 모든 것을 다 상품으로 취급하는 자본주의 사회에서는 돈벌이를 위해서라면 모든 사물, 심지어는 인간까지도 상품미를 추구하는 대상으로 삼는다.

① 같은 값이면 다홍치마
② 술 익자 체 장수 지나간다.
③ 원님 덕에 나팔 분다.
④ 구슬이 서 말이라도 꿰어야 보배

13. 다음 글을 읽고 이 글에서 설명하고 있는 '사전조치'의 개념과 다른 내용은?

> 개인이나 사회는 장기적으로 최선인 일을 의지박약, 감정, 충동, 고질적 습관, 중독 그리고 단기적 이익추구 등의 이유로 인해 수행하지 못하는 경우가 많다. 예컨대 많은 사람들이 지금 담배를 끊는 것이 자신의 건강을 위해서 장기적으로 최선이라고 판단함에도 불구하고 막상 담배를 피울 수 있는 기회에 접하게 되면 의지박약으로 인해 담배를 피우는 경우가 많다. 이런 경우 개인이나 사회는 더 합리적으로 행동하기 위해서 행위자가 가질 수 있는 객관적인 기회를 제한하거나 선택지를 줄임으로써 의지박약이나 충동 또는 단기적 이익 등에 따라 행동하는 것을 방지할 수 있다. 이런 조치를 '사전조치'라 한다.

① 알코올 중독자가 금주를 목적으로 인근 수십 킬로미터 안에 술을 파는 곳이 없는 깊은 산속으로 이사를 하였다.
② 술에 취할 때마다 헤어진 애인에게 전화를 하는 남학생이 더 이상 그녀에게 전화를 하지 않기 위해 자신의 핸드폰 번호를 변경하였다.
③ 가정 내에서 TV를 통한 미성년자의 등급 외 상영물 시청을 제한하기 위해 TV에 성인물 시청 시 비밀번호를 입력하도록 하는 장치를 설치하였다.
④ 군것질 버릇이 있는 영화배우가 최근 캐스팅된 영화 촬영을 앞두고 몸 관리를 위해 매니저에게 자신의 숙소에 있는 모든 군것질 거리를 치우도록 하였다.

│14~16│ 다음 제시된 숫자의 배열을 보고 규칙을 적용하여 빈칸에 들어갈 알맞은 수를 고르시오.

14.

9 15 18 29 36 43 72 57 ( )

① 123
② 131
③ 137
④ 144

15.

$3\$5 = 4$ $5\$6 = 19$ $6\$11 = 25$ $4\$5 = ( )$

① 10
② 11
③ 12
④ 13

16.

$\dfrac{5}{8}$ $\dfrac{16}{7}$ $\dfrac{27}{6}$ $\dfrac{38}{5}$ $\dfrac{( )}{4}$

① 46
② 47
③ 48
④ 49

17. 甲이 농도가 20%인 설탕물에서 물 60g을 증발시켜 농도가 25%인 설탕물을 만든 후, 여기에 설탕을 더 넣어 40%의 설탕물을 만든다면 몇 g의 설탕을 넣어야 하겠는가?

① 50   ② 60

③ 70   ④ 80

18. 집에서 학교까지 거리는 170km이다. 차를 타고 집에서 출발하여 시속 80km로 가다가 속도를 높여 시속 100km로 가서 학교에 도착하였더니 총 2시간이 걸렸다. 시속 80km로 간 거리는?

① 100km   ② 110km

③ 120km   ④ 130km

19. 한 자루에 200원인 연필 몇 자루와 2000원짜리 필통 1개를 사려고 할 때, 전체의 값이 3200원이 되도록 하려면 사야할 연필의 개수는?

① 5자루   ② 6자루

③ 7자루   ④ 8자루

20. 한 번에 20명이 탈 수 있는 고속 케이블카와 저속 케이블카가 각각 1대씩 있다. 고속 케이블카로 반대편 섬까지 가는 데 왕복 시간이 8분 걸리고, 저속 케이블카로는 12분이 걸린다. 이 두 대의 케이블카가 동시에 출발하여 450명의 승객을 섬까지 실어 나르는 데에는 최소 몇 분이 걸리겠는가? (단, 승객이 타고 내리는 시간 등 운행과 상관없는 시간은 없는 것으로 한다)

① 104분

② 108분

③ 112분

④ 116분

21. 어느 나라의 축구선수 1,000명 중 대표팀에 소속된 선수는 48명이다. 대표팀은 월드컵대표, 올림픽대표, 청소년대표의 세 종류로 각각 23명으로 구성되어 있다. 월드컵대표이면서 올림픽대표인 선수는 16명, 올림픽대표이면서 청소년대표인 선수는 5명, 청소년대표이면서 월드컵대표인 선수는 2명이다. 월드컵대표에만 소속되어 있는 선수는 모두 몇 명인가?

① 4

② 5

③ 6

④ 7

22. 어떤 이동 통신 회사에서는 휴대폰의 사용 시간에 따라 매월 다음과 같은 요금 체계를 적용한다고 한다.

요금제	기본 요금	무료 통화	사용 시간(1분)당 요금
A	10,000원	0분	150원
B	20,200원	60분	120원
C	28,900원	120분	90원

예를 들어, B요금제를 사용하여 한 달 동안의 통화 시간이 80분인 경우 사용 요금은 다음과 같이 계산한다.

$$20,200 + 120 \times (80 - 60) = 22,600 원$$

B요금제를 사용하는 사람이 A요금제와 C요금제를 사용할 때 보다 저렴한 요금을 내기 위한 한 달 동안의 통화 시간은 a분 초과 b분 미만이다. 이 때, $b - a$의 최댓값은? (단, 매월 총 사용 시간은 분 단위로 계산한다.)

① 70

② 80

③ 90

④ 100

23. 다음은 A국의 친환경 농작물 생산 현황에 대한 자료이다. 자료에 대한 설명으로 옳은 것은?

〈연도별 친환경 농작물 재배농가, 재배면적, 생산량〉

(단위 : 천 호, 천 ha, 천 톤)

구분 \ 연도	2019	2020	2021	2022
재배농가	53	135	195	221
재배면적	53	106	174	205
생산량	798	1,786	2,188	2,258

〈연도별 친환경 농작물 생산방법별 재배면적〉

(단위 : 천 ha)

생산방법 \ 연도	2019	2020	2021	2022
유기농	9	11	13	17
무농약	14	37	42	69
저농약	30	58	119	119

① 친환경 농산물 재배농가 당 생산량은 매년 증가하고 있다.
② 2019년 대비 2022년 친환경 농작물 재배농가 증가율은 생산량의 증가율보다 낮다.
③ 생산방법별 재배 면적에서 저농약의 재배면적 비중은 2021년과 2022년에 동일하다.
④ 친환경 농산물 재배면적 중 유기농 농작물의 비중은 2021년에 가장 낮다.

24. 다음의 조건이 모두 참일 때, 반드시 참인 것을 고르시오.

• 책 읽는 것을 좋아하는 사람은 집중력이 높다.
• 성적이 좋지 않은 사람은 집중력이 높지 않다.
• 미경이는 1학년 5반이다.
• 1학년 5반의 어떤 학생은 책 읽는 것을 좋아한다.

① 미경이는 책 읽는 것을 좋아한다.
② 미경이는 집중력이 높지 않다.
③ 1학년 5반의 모든 학생은 성적이 좋다.
④ 1학년 5반의 어떤 학생은 집중력이 높다.

25. 다음을 통해 A가 오늘 아침에 마신 음료가 무엇인지 고르시오.

• A는 매일 우유, 주스, 커피, 차 중 하나를 한 잔씩 순서대로 돌아가며 마신다.
• A는 매주 수요일에 축구를 하고 그 다음날 전략회의를 한다.
• A는 축구하기 전날 주스를 마셨다.
• 오늘은 전략회의를 한 다다음 날이다.

① 우유
② 주스
③ 커피
④ 차

26. 다음 중 항상 옳은 것은?

> • 철수, 재연, 승리, 승혁 4명이 같은 지하철에서 서로 다른 칸을 탄다.
> • 지하철은 총 4개 칸이고, 중앙에 두 칸은 약 냉방 칸이다.
> • 승리는 승혁이보다 앞 칸에 탔다.
> • 철수는 약냉방 칸에 탔고, 재연보다 뒤 칸에 탔다.
> • 가장 앞 칸에 탄 사람은 승리가 아니다.

① 약냉방 칸에 탈 수 있는 사람은 재연이다.
② 철수가 두 번째로 앞 칸에 탔다면, 승혁이가 가장 뒤 칸에 탄다.
③ 승리는 두 번째 칸에 탄다.
④ 승혁이는 약냉방 칸에 탈 수 있다.

27. 갑, 을, 병, 정, 무 다섯 사람은 일요일부터 목요일까지 5일 동안 각각 이틀 이상 아르바이트를 한다. 다음 조건을 모두 충족시켜야 할 때, 다음 중 항상 옳지 않은 것은?

> ㉠ 가장 적은 수가 아르바이트를 하는 요일은 수요일뿐이다.
> ㉡ 갑은 3일 이상 아르바이트를 하는데 병이 아르바이트를 하는 날에는 쉰다.
> ㉢ 을과 정 두 사람만이 아르바이트 일수가 같다.
> ㉣ 병은 평일에만 아르바이트를 하며, 연속으로 이틀 동안만 한다.
> ㉤ 무는 항상 갑이나 병과 같은 요일에 함께 아르바이트를 한다.

① 어느 요일이든 아르바이트 인원수는 확정된다.
② 갑과 을, 병과 무의 아르바이트 일수를 합한 값은 같다.
③ 두 사람만이 아르바이트를 하는 요일이 확정된다.
④ 어떤 요일이든 아르바이트를 하는 인원수는 짝수이다.

28. 다음 글의 내용과 날씨를 근거로 판단할 경우 종아가 여행을 다녀온 시기로 가능한 것은?

> • 종아는 선박으로 '포항 → 울릉도 → 독도 → 울릉도 → 포항' 순으로 3박 4일의 여행을 다녀왔다.
> • '포항 → 울릉도' 선박은 매일 오전 10시, '울릉도 → 포항' 선박은 매일 오후 3시에 출발하며, 편도 운항에 3시간이 소요된다.
> • 울릉도에서 출발해 독도를 돌아보는 선박은 매주 화요일과 목요일 오전 8시에 출발하여 당일 오전 11시에 돌아온다.
> • 최대 파고가 3m 이상인 날은 모든 노선의 선박이 운항되지 않는다.
> • 종아는 매주 금요일에 술을 마시는데, 술을 마신 다음날은 멀미가 심해 선박을 탈 수 없다.
> • 이번 여행 중 종아는 울릉도에서 호박엿 만들기 체험을 했는데, 호박엿 만들기 체험은 매주 월·금요일 오후 6시에만 할 수 있다.

날씨

(㉠ : 최대 파고)

日	月	火	水	木	金	土
16 ㉠ 1.0m	17 ㉠ 1.4m	18 ㉠ 3.2m	19 ㉠ 2.7m	20 ㉠ 2.8m	21 ㉠ 3.7m	22 ㉠ 2.0m
23 ㉠ 0.7m	24 ㉠ 3.3m	25 ㉠ 2.8m	26 ㉠ 2.7m	27 ㉠ 0.5m	28 ㉠ 3.7m	29 ㉠ 3.3m

① 19일(水) ~ 22일(土)
② 20일(木) ~ 23일(日)
③ 23일(日) ~ 26일(水)
④ 25일(火) ~ 28일(金)

29. 다음 그림은 복도를 사이에 두고 1001 ~ 1003호, 1004 ~ 1007호의 7개 방이 엘리베이터의 양쪽에 늘어서 있는 것을 나타낸 것이다. A ~ G 7명이 다음과 같이 각 호에 1명씩 투숙하고 있다고 할 때 1006호에 묵고 있는 사람은 누구인가?

1001	1002	1003	−	엘리베이터
1004	1005	1006	1007	

- B의 방 맞은편에는 D의 방이 있다.
- C의 방 양 옆으로 A, G가 묵고 있다.
- F의 양 옆에는 D, E가 묵고 있다.
- G는 엘리베이터와 가장 가깝다.

① B   ② C
③ D   ④ E

30. N사의 신입사원 오리엔테이션에서 한 조에 배정된 5인은 서로의 부서를 예상하여 2명의 부서를 진술하도록 하였다. 각각 하나의 진술만 정확히 상대의 부서를 맞추었다고 할 때, 신입사원과 부서가 바르게 연결된 것을 고르면?(단 신입사원 5인은 모두 다른 부서이다)

- ㉠ 영 사원＝홍보부, 황 사원＝기획부
- ㉡ 진 사원＝총무부, 서 사원＝기획부
- ㉢ 영 사원＝인사부, 황 사원＝총무부
- ㉣ 강 사원＝생산부, 서 사원＝기획부
- ㉤ 강 사원＝생산부, 진 사원＝홍보부

① 황 사원＝기획부, 영 사원＝홍보부
② 강 사원＝생산부, 서 사원＝기획부
③ 영 사원＝인사부, 진 사원＝총무부
④ 서 사원＝기획부, 황 사원＝총무부

31. A ~ H 8명은 모임을 갖기 위해 모두 지하철 1호선 또는 7호선을 타고 이동하여 온수역에서 만났다. 그런데 이들이 이동하는데 다음과 같은 조건을 따랐다고 할 때, A가 1호선을 이용하지 않았다면, 다음 중 가능하지 않은 것은?

- ㉠ 1호선을 이용한 사람은 많아야 3명이다.
- ㉡ A는 D와 같은 호선을 이용하지 않았다.
- ㉢ F는 G와 같은 호선을 이용하지 않았다.
- ㉣ B는 D와 같은 호선을 이용했다.

① B는 지하철 1호선을 탔다.
② C는 지하철 7호선을 탔다.
③ H는 지하철 1호선을 탔다.
④ F는 지하철 1호선을 탔다.

32. 다음 상황에서 진실을 얘기하고 있는 사람이 한 명 뿐일 때, 총을 쏜 범인과 진실을 이야기 한 사람으로 바르게 짝지어진 것은?

어느 아파트 옥상에서 한 남자가 총에 맞아 죽은 채 발견됐다. 그의 죽음을 조사하기 위해 형사는 죽은 남자와 관련이 있는 용의자 A, B, C, D 네 남자를 연행하여 심문하였는데 이들은 다음과 같이 진술하였다.

A : B가 총을 쐈습니다. 내가 봤어요.
B : C와 D는 거짓말쟁이입니다. 그들의 말은 믿을 수 없어요!
C : A가 한 짓이 틀림없어요. A와 그 남자는 사이가 아주 안 좋았단 말입니다.
D : 내가 한 짓이 아니에요. 나는 그를 죽일 이유가 없습니다.

① 범인 : A, 진실 : C
② 범인 : B, 진실 : A
③ 범인 : C, 진실 : D
④ 범인 : D, 진실 : B

33. '갑, 을, 병, 정, 무, 기, 경, 신' 8명을 4명씩 두 조로 만들 때 다음 조건을 만족하는 가능한 조 편성은?

> • '병'과 '기'는 각 조의 조장을 맡는다.
> • '을'은 '정' 또는 '기'와 같은 조가 되어야 한다.

① 갑, 을, 병, 기
② 갑, 정, 기, 신
③ 을, 정, 기, 신
④ 을, 병, 무, 경

34. 다음과 같이 화살표 방향으로 종이를 접었을 때의 뒷면의 모양에 해당하는 것을 고르시오.

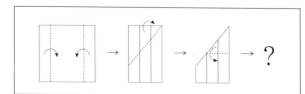

①
②
③
④

35. 다음 전개도를 접었을 때 나타나는 정육면체의 모양이 아닌 것은?

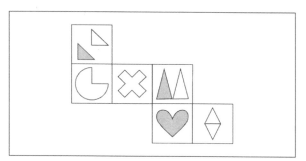

①
②
③
④

36. 다음 도형을 펼쳤을 때 나타날 수 있는 전개도를 고르시오.

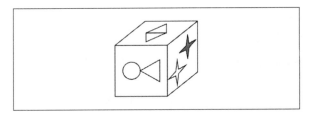

①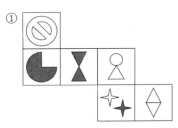

②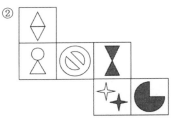

③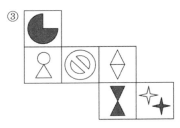

④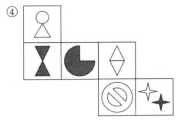

37. 다음 주어진 부분도를 보고 알맞은 입체도형을 고르시오.

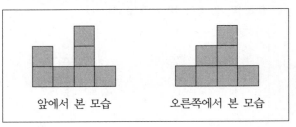

앞에서 본 모습　　　오른쪽에서 본 모습

①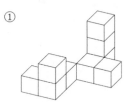

②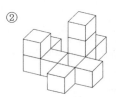

③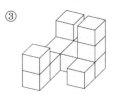

④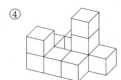

38. 다음은 어떤 블록을 위와 옆면에서 본 모습이다. 블록은 최소 몇 개, 최대 몇 개가 필요한가?

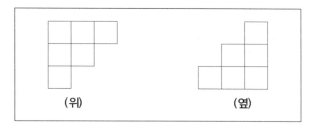

(위)　　　　　(옆)

① 최소 : 7개, 최대 : 12개
② 최소 : 8개, 최대 : 13개
③ 최소 : 9개, 최대 : 14개
④ 최소 : 10개, 최대 : 15개

39. 아래의 기호/문자 무리 중 '가열'은 몇 번 제시되었는가?

가을	가지	가구	가을	가열	가족
가열	가방	가상	가망	가치	가지
가지	가사	가방	가열	가사	가구
가구	가을	가사	가상	가구	가축
가방	가열	가망	가지	가사	가망
가족	가지	가구	가상	가망	가을

① 1번　　　　② 2번
③ 3번　　　　④ 4번

40. 아래의 기호/문자 무리에 제시되지 않은 것은?

여자	빨강	쿠키	바다	남자	책상
축구	지갑	난초	장미	농구	탄소
병원	튤립	약국	산소	발톱	벼루
전화	가위	야구	종이	버스	반지
과자	하늘	손톱	안경	신발	기차
연필	가방	파랑	육지	의자	매화

① 반지　　　　② 안경
③ 시계　　　　④ 신발

41. 다음 제시된 문자열과 다른 것을 고르시오.

> 고졸검정고시기출문제정복하기

① 고졸검정고시기출문제정복하기
② 고졸검정고시기출문제정복하기
③ 고졸검정고시기출문제정복하기
④ 고줄검정고시기출문제정복하기

42. 다음 제시된 도형을 구성하는 데 필요한 조각을 묶은 것을 고르시오.

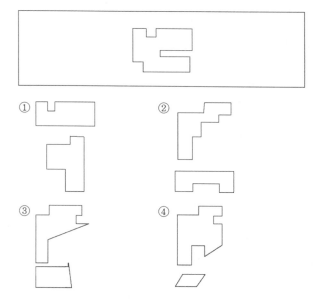

제 4 회 부산광역시교육청 교육공무직원 모의고사

┃43~44┃ 다음 도형의 일정한 규칙을 찾아 ?에 들어갈 알맞은 도형을 고르시오.

43.

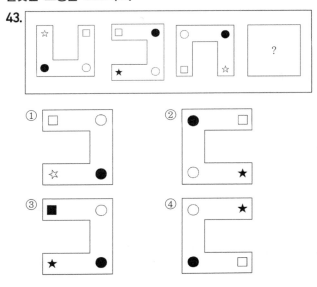

44. 다음 제시된 도형들이 일정한 규칙을 가진다고 할 때 빈 칸에 알맞은 도형을 고르시오.

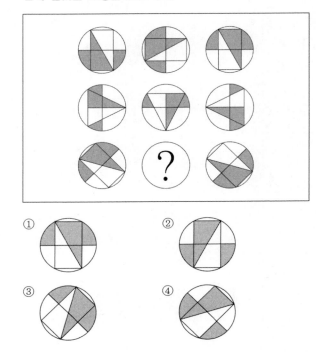

45. 다음 제시된 입체 중에서 나머지와 모양이 다른 하나를 고르시오.

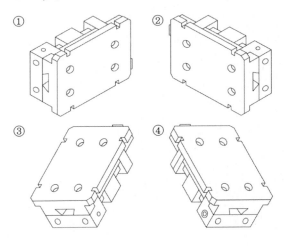

부산광역시교육청
모의고사

절취선

성명

(자 필 성 명)

성별

생 년 월 일

| | ⓪ | ① | ② | ③ | ④ | ⑤ | ⑥ | ⑦ | ⑧ | ⑨ |

문번	답란			
1	①	②	③	④
2	①	②	③	④
3	①	②	③	④
4	①	②	③	④
5	①	②	③	④
6	①	②	③	④
7	①	②	③	④
8	①	②	③	④
9	①	②	③	④
10	①	②	③	④
11	①	②	③	④
12	①	②	③	④
13	①	②	③	④
14	①	②	③	④
15	①	②	③	④
16	①	②	③	④
17	①	②	③	④
18	①	②	③	④
19	①	②	③	④
20	①	②	③	④

문번	답란			
21	①	②	③	④
22	①	②	③	④
23	①	②	③	④
24	①	②	③	④
25	①	②	③	④
26	①	②	③	④
27	①	②	③	④
28	①	②	③	④
29	①	②	③	④
30	①	②	③	④
31	①	②	③	④
32	①	②	③	④
33	①	②	③	④
34	①	②	③	④
35	①	②	③	④
36	①	②	③	④
37	①	②	③	④
38	①	②	③	④
39	①	②	③	④
40	①	②	③	④

문번	답란			
41	①	②	③	④
42	①	②	③	④
43	①	②	③	④
44	①	②	③	④
45	①	②	③	④

부산광역시교육청 교육공무직원

제5회 모의고사

성명		생년월일	
문제 수(배점)	45문항	풀이시간	/ 50분
영역	직무능력검사		
비고	객관식 4지선다형		

각 문제에서 가장 적절한 답을 하나만 고르시오.

1. 다음에 제시된 단어와 비슷한 의미를 가진 단어는?

> 미욱하다

① 미천하다
② 현명하다
③ 어리석다
④ 재빠르다

2. 다음에 제시된 단어와 상반된 의미를 가진 단어는?

> 존귀(尊貴)

① 존재
② 귀중
③ 고귀
④ 미천

3. 밑줄 친 부분의 한자표기가 다른 하나는?

① 오십보백보
② 백락일고
③ 백년하청
④ 백절불굴

4. 다음에 제시된 문장의 밑줄 친 부분의 의미가 나머지와 가장 다른 것은?

① 아이를 향해 팔을 벌리다.
② 컴퓨터만 잘해도 돈이 벌렸다.
③ 그는 입을 헤벌쭉 벌리며 웃었다.
④ 가방을 벌려 책을 찾았다.

5. 다음 의미를 나타내는 사자성어로 옳은 것을 고르시오.

> 두 사람의 싸움에 제삼자가 이익을 봄

① 곤수유투(困獸猶鬪)
② 견토지쟁(犬兔之爭)
③ 괄목상대(刮目相對)
④ 고장난명(孤掌難鳴)

6. 다음 밑줄 친 부분과 문맥적 의미가 가장 가까운 것은?

> 그는 비가 쏟아지는 데도 운동을 가겠다고 했다.

① 네가 올 때쯤엔 영화가 끝나있겠지.
② 합주단의 공연이 있겠습니다.
③ 마지막엔 내가 먹겠어.
④ 네가 해주면 고맙겠어.

7. 다음 주어진 문장이 들어갈 위치로 가장 적절한 곳을 고르시오.

> 최근 제2금융권을 중심으로 전 · 월세 보증금과 생활비 마련을 위해 빚으로 빚을 갚는 가계 대출이 늘어난 탓이다.

> 국내 가계부채는 이미 심각한 수준이다. ㈎ 이달 들어 1,000조 원을 돌파한 것으로 추정된다. ㈏ 최근 수년째 소득이 훨씬 더 빠른 속도로 늘고 있고, 가계대출 중 금리가 높은 비은행권 대출 비중이 급증하고 있어 대출의 질도 나빠지고 있다. ㈐ 특히 가계대출의 60%가 주택 관련 대출이고, 이 가운데 70% 이상이 금리 변동에 영향을 받는 변동금리 대출이다. ㈑ 이런 상황에서 금리가 오르면 저소득층은 직격탄을 맞게 된다. 정부도 사태의 심각성을 인정해 내년 경제정책에서 가계부채 문제를 우선 해결키로 했다.

① ㈎
② ㈏
③ ㈐
④ ㈑

8. 다음 글의 중심 내용으로 가장 적절한 것은?

> 행랑채가 퇴락하여 지탱할 수 없게끔 된 것이 세 칸이었다. 나는 마지못하여 이를 모두 수리하였다. 그런데 그중의 두 칸은 앞서 장마에 비가 샌 지가 오래되었으나, 나는 그것을 알면서도 이럴까 저럴까 망설이다가 손을 대지 못했던 것이고, 나머지 한 칸은 비를 한 번 맞고 샜던 것이라 서둘러 기와를 갈았던 것이다. 이번에 수리하려고 본즉 비가 샌 지 오래된 것은 그 서까래, 추녀, 기둥, 들보가 모두 썩어서 못 쓰게 되었던 까닭으로 수리비가 엄청나게 들었고, 한 번밖에 비를 맞지 않았던 한 칸의 재목들은 완전하여 다시 쓸 수 있었던 까닭으로 그 비용이 많이 들지 않았다.
> 나는 이에 느낀 것이 있었다. 사람의 몸에 있어서도 마찬가지라는 사실을. 잘못을 알고서도 바로 고치지 않으면 곧 그 자신이 나쁘게 되는 것이 마치 나무가 썩어서 못 쓰게 되는 것과 같으며, 잘못을 알고 고치기를 꺼리지 않으면 해(害)를 받지 않고 다시 착한 사람이 될 수 있으니, 저 집의 재목처럼 말끔하게 다시 쓸 수 있는 것이다. 뿐만 아니라 나라의 정치도 이와 같다. 백성을 좀먹는 무리들을 내버려두었다가는 백성들이 도탄에 빠지고 나라가 위태롭게 된다. 그런 연후에 급히 바로잡으려 하면 이미 썩어 버린 재목처럼 때는 늦은 것이다. 어찌 삼가지 않겠는가.

① 모든 일에 기초를 튼튼히 해야 한다.
② 청렴한 인재 선발을 통해 정치를 개혁해야 한다.
③ 잘못을 알게 되면 바로 고쳐 나가는 자세가 중요하다.
④ 훌륭한 위정자가 되기 위해서는 매사 삼가는 태도를 지녀야 한다.

9~10 | 다음 글을 읽고 물음에 답하시오.

정보 사회라고 하는 오늘날, 우리는 실제적 필요와 지식 정보의 획득을 위해서 독서하는 경우가 많다. 일정한 목적의식이나 문제의식을 안고 달려드는 독서일수록 사실은 능률적인 것이다. 르네상스적인 만능의 인물이었던 괴테는 그림에 열중하기도 했다. 그는 그림의 대상이 되는 집이나 새를 더 관찰하기 위해서 그리는 것이라고, 의아해 하는 주위 사람에게 대답했다고 전해진다. 그림을 그리겠다는 목적의식을 가지고 집이나 꽃을 관찰하면 분명하고 세밀하게 그 대상이 떠오를 것이다. 마찬가지로 일정한 주제 의식이나 문제의식을 가지고 독서를 할 때, 보다 창조적이고 주체적인 독서 행위가 성립될 것이다.

오늘날 기술 정보 사회의 시민이 취득해야 할 상식과 정보는 무량하게 많다. 간단한 읽기, 쓰기와 셈하기 능력만 갖추고 있으면 얼마 전까지만 하더라도 문맹(文盲) 상태를 벗어날 수 있었다. 오늘날 사정은 이미 동일하지 않다. 자동차 운전이나 컴퓨터 조작이 바야흐로 새 시대의 '문맹'탈피 조건으로 부상하고 있다. 현대인 앞에는 그만큼 구비해야 할 기본적 조건과 자질이 수없이 기다리고 있다.

사회가 복잡해짐에 따라 신경과 시간을 바쳐야 할 세목도 증가하게 마련이다. 그러나 어느 시인이 얘기한 대로 인간 정신이 마련해 낸 가장 위대한 세계는 언어로 된 책의 마법 세계이다. 그 세계 속에서 현명한 주민이 되기 위해서는 무엇보다도 자기 삶의 방향에 맞게 시간을 잘 활용해야 할 것이다.

9. 윗글의 핵심내용으로 가장 적절한 것은?

① 현대인이 구비해야 할 조건
② 현대인이 다루어야 할 지식
③ 문맹상태를 벗어나기 위한 노력
④ 주제의식이나 문제의식을 가진 독서

10. 윗글의 내용과 일치하는 것은?

① 과거에는 간단한 읽기, 쓰기와 셈하기 능력만으로 문맹상태를 벗어날 수 있었다.
② 사회가 복잡해져도 신경과 시간을 바쳐야 할 세목은 일정하다.
③ 오늘날 기술 정보의 발달로 시민이 취득해야 할 상식과 정보는 적어졌다.
④ 실제적 필요와 지식 정보의 획득을 위해서 독서하는 것이 중요하다.

11. 다음 글에서 사용된 설명 방식은?

유학자들은 자신이 먼저 인격자가 될 것을 강조하지만 궁극적으로는 자신뿐 아니라 백성 또한 올바른 행동을 할 수 있도록 이끌어야 한다는 생각을 원칙으로 삼는다. 주희도 자신이 명덕(明德)을 밝힌 후에는 백성들도 그들이 지닌 명덕을 밝혀 새로운 사람이 될 수 있도록 가르쳐야 한다고 본다. 백성을 가르쳐 그들을 새롭게 만드는 것이 바로 신민(新民)이다. 주희는 대학을 새로 편찬하면서 고본(古本) 대학의 친민(親民)을 신민(新民)으로 고쳤다. '친(親)'보다는 '신(新)'이 백성을 새로운 사람으로 만든다는 취지를 더 잘 표현한다고 보았던 것이다. 반면 정약용은, 친민을 신민으로 고치는 것은 옳지 않다고 본다. 정약용은 친민을 백성들이 효(孝), 제(弟), 자(慈)의 덕목을 실천 하도록 이끄는 것이라 해석한다. 즉 백성들로 하여금 자식이 어버이를 사랑하여 효도하고 어버이가 자식을 사랑하여 자애의 덕행을 실천하도록 이끄는 것이 친민이다. 백성들이 이전과 달리 효, 제, 자를 실천하게 되었다는 점에서 새롭다는 뜻은 있지만 본래 글자를 고쳐서는 안 된다고 보았다.

① 어휘의 뜻을 명확히 하여 독자의 이해를 돕고 있다.
② 어떤 개념이나 대상을 나누고 쪼개어 그것의 특징을 밝힌다.
③ 낯선 개념을 익숙한 대상에 비유하여 설명한다.
④ 예시를 사용하여 주장을 뒷받침한다.

12. 다음 주어진 글을 흐름에 맞게 배열한 것은?

> ㉠ 나노기술이나 유전자조합기술을 기술이라 부를 수 있는 이유는 둘 다 고도의 지성의 산물인 현대과학이 그 안에 깊게 개입해 있기 때문이다.
> ㉡ 가령, 본능적으로 개미집을 만드는 개미의 재주 같은 것은 기술이 아니다.
> ㉢ 기술은 반드시 물질로 구현되는 것이어야 한다는 말은 맞지만 그렇게 구현되는 것들을 모두 기술이라고 부를 수는 없다.
> ㉣ 기술로 인정되려면 그 안에 지성이 개입해 있어야 한다.

① ㉠ → ㉣ → ㉡ → ㉢
② ㉡ → ㉢ → ㉣ → ㉠
③ ㉢ → ㉡ → ㉣ → ㉠
④ ㉢ → ㉠ → ㉣ → ㉡

13. 다음 글의 내용에 어울리는 고사 성어로 가장 적절한 것은?

> 최근 여러 기업들이 상위 5% 고객에게만 고급 서비스를 제공하는 마케팅을 벌여 소비자뿐만 아니라 전문가들에게서도 우려의 소리를 듣고 있다. 실제로 모 기업은 지난해 초 'VIP 회원'보다 상위 고객을 노린 'VVIP 회원'을 만들면서 △매년 동남아·중국 7개 지역 왕복 무료 항공권 △9개 호텔 무료 숙박 △해외 유명 골프장 그린피 무료 등을 서비스로 내세웠다. 하지만 최근에 이 기업과 제휴를 맺고 있는 회사들이 비용 분담에 압박을 느끼면서 서비스 중단을 차례로 통보했다. 또 자사 분담으로 제공하고 있던 호텔 숙박권 역시 비용 축소를 위해 3월부터 서비스를 없앨 것으로 알려졌다.
> 한 업계 관계자는 "기존 회원 시장이 포화 상태가 되면서 업계가 저마다 지난해 VIP 마케팅을 내세웠지만 높은 연회비로 인해 판매 실적은 저조한 반면 무료 공연을 위한 티켓 구매, 항공권 구입 등에 소요되는 사업비 부담은 너무 크다 보니 오히려 어려움을 겪고 있는 실정"이라고 말했다.

① 견강부회(牽強附會)
② 비육지탄(髀肉之嘆)
③ 자승자박(自繩自縛)
④ 화이부동(和而不同)

┃14~16┃ 다음 제시된 배열을 보고 규칙을 적용하여 빈칸에 들어갈 문자를 고르시오.

14.

349 365 379 398 418 431 ( )

① 439
② 440
③ 441
④ 442

15.

| 10 4 9   20 6 3   15 6 4   5 18 4   8 3 ( ) |

① 10
② 11
③ 13
④ 15

16.

| 25   26   13   14   7   ( ) |

① 7
② 8
③ 9
④ 10

17. 한 건물에 A, B, C 세 사람이 살고 있다. A는 B보다 12살이 많고, C의 나이의 2배보다 4살이 적다. 또한 B와 C는 동갑이라고 할 때 A의 나이는 얼마인가?

① 16살
② 20살
③ 24살
④ 28살

18. 다음은 한 통신사의 요금제별 요금 및 할인 혜택에 관한 표이다. 이번 달에 전화통화와 함께 100건 이상의 문자 메시지를 사용하였는데, A요금제를 이용했을 경우 청구되는 요금은 14,000원, B요금제를 이용했을 경우 청구되는 요금은 16,250원이다. 이번 달에 사용한 문자메시지는 모두 몇 건인가?

요금제	기본료	통화요금	문자메시지요금	할인 혜택
A	없음	5원/초	10원/건	전체 요금의 20% 할인
B	5,000원/월	3원/초	15원/건	문자메시지 월 100건 무료

① 125건
② 150건
③ 200건
④ 250건

19. 다음은 어느 학교 학생들의 중간평가점수 중 영역별 상위 5명의 점수이다. 이에 대한 설명 중 옳은 것은?

순위	국어		영어		수학	
	이름	점수	이름	점수	이름	점수
1	A	94	B	91	D	97
2	C	93	A	90	G	95
3	E	90	C	88	F	90
4	D	88	F	82	B	88
5	F	85	D	76	A	84

※ ㉠ 각 영역별 동점자는 없었음
　㉡ 총점이 250점 이하인 학생은 보충수업을 받는다.
　㉢ 전체 순위는 세 영역 점수를 더해서 정한다.

① B의 총점은 263점을 초과하지 못한다.
② E는 보충수업을 받지 않아도 된다.
③ D의 전체 순위는 2위이다.
④ G는 보충수업을 받아야 한다.

20. 다음은 면접관 A~E가 응시자 갑~정에게 부여한 면접 점수이다. 이에 대한 설명으로 옳은 내용만 모두 고른 것은?

(단위 : 점)

응시자 면접관	갑	을	병	정	범위
A	7	8	8	6	2
B	4	6	8	10	( )
C	5	9	8	8	( )
D	6	10	9	7	4
E	9	7	6	5	4
중앙값	( )	( )	8	( )	–
교정점수	( )	8	( )	7	–

※ 범위는 해당 면접관이 각 응시자에게 부여한 면접 점수 중 최댓값에서 최솟값을 뺀 값이다.

※ 중앙값은 해당 응시자가 면접관에게서 받은 모든 면접 점수를 크기순으로 나열할 때 한가운데 값이다.

※ 교정점수는 해당 응시자가 면접관에게 받은 모든 면접 점수 중 최댓값과 최솟값을 제외한 면접 점수의 산술 평균값이다.

> ㉠ 면접관 중 범위가 가장 큰 면접관은 B이다.
> ㉡ 응시자 중 중앙값이 가장 작은 응시자는 정이다.
> ㉢ 교정점수는 병이 갑보다 크다.

① ㉠   ② ㉡
③ ㉠, ㉢   ④ ㉡, ㉢

|21~23| 다음은 L전자 판매량과 실제 매출액의 관계를 나타낸 것이다. 이 자료를 보고 물음에 답하시오.

제품명	판매량(만 대)	실제 매출액(억 원)
냉장고	110	420
에어컨	100	308
김치냉장고	100	590
청소기	80	463
세탁기	80	435
살균건조기	80	422
공기청정기	75	385
전자레인지	60	356

21. 냉장고와 전자레인의 판매량 차이는 몇 배인가? (단, 소수점 둘째 자리까지만 구하시오)

① 1.62
② 1.83
③ 2.62
④ 3.14

22. 예상 매출액은 '판매량×2+100'이라고 할 때, 예상 매출액과 실제 매출액의 차이가 가장 작은 제품과 가장 큰 제품이 바르게 짝지어진 것은?

	차이가 가장 작은 제품	차이가 가장 큰 제품
①	에어컨	김치냉장고
②	전자레인지	청소기
③	냉장고	김치냉장고
④	에어컨	청소기

23. 표에 제시된 제품들로 구성된 전체 매출액에서 김치냉장고가 차지하는 비율은? (단, 소수점 첫째 자리까지 구하시오)

① 17.4% ② 18.6%
③ 19.2% ④ 21.3%

24. 윗마을에 사는 남자는 참말만 하고 여자는 거짓말만 한다. 아랫마을에 사는 남자는 거짓말만 하고 여자는 참말만 한다. 이 마을들에 사는 이는 남자거나 여자이다. 윗마을 사람 두 명과 아랫마을 사람 두 명이 다음과 같이 대화하고 있을 때, 반드시 참인 것은?

> • 갑 : 나는 아랫마을에 살아.
> • 을 : 나는 아랫마을에 살아. 갑은 남자야.
> • 병 : 을은 아랫마을에 살아. 을은 남자야.
> • 정 : 을은 윗마을에 살아. 병은 윗마을에 살아.

① 갑은 윗마을에 산다.
② 갑과 을은 같은 마을에 산다.
③ 을과 병은 다른 마을에 산다.
④ 이 대화에 참여하고 있는 이들은 모두 여자이다.

┃25～26┃ 다음의 내용이 반드시 참일 때 항상 참인 것은?

25.
> • 모든 호랑이는 뱀을 먹지 않는다.
> • 어떤 뱀은 개구리를 먹는다.
> • 어떤 여우는 뱀을 먹는다.
> • 뱀을 먹는 동물은 개구리를 먹는다.

① 호랑이는 개구리를 먹지 않는다.
② 어떤 여우도 개구리를 먹지 않는다.
③ 어떤 여우는 개구리를 먹는다.
④ 모든 호랑이는 여우를 먹는다.

26.
> • 야구 경기는 매일 진행된다.
> • 강수 확률이 80% 이상이면 야구 경기가 취소된다.
> • 야구 경기가 취소되면 甲은 영화를 보러 간다.
> • 甲은 반드시 윤아와 함께 영화를 본다.
> • 甲은 어제 영화를 보지 않았다.

① 어제는 야구 경기가 정상적으로 진행되었다.
② 윤아는 어제 영화를 보았다.
③ 어제 강수 확률이 80% 이상이었다.
④ 오늘은 야구 경기가 취소될 것이다.

27. 지하철 이용과 관련한 다음 명제들을 통해 추론한 설명으로 올바른 것은 어느 것인가?

> • 1호선을 타 본 사람은 2호선도 타 보았다.
> • 2호선을 타 본 사람은 5호선도 타 보았다.
> • 5호선을 타 본 사람은 3호선을 타 보지 않았다.
> • 3호선을 타 본 사람은 4호선을 타 보지 않았다.
> • 4호선을 타 본 사람은 1호선을 타 보지 않았다.

① 5호선을 타 보지 않은 사람은 1호선을 타 보았다.
② 3호선을 타 본 사람은 1호선을 타 보지 않았다.
③ 4호선을 타 보지 않은 사람은 5호선을 타 보았다.
④ 2호선을 타 본 사람은 4호선을 타 보았다.

28. 다음 글의 내용이 참이라고 할 때 〈보기〉의 문장 중 반드시 참인 것만을 바르게 나열한 것은?

우리는 사람의 인상에 대해서 "선하게 생겼다." 또는 "독하게 생겼다."라는 판단을 할 뿐만 아니라 사람의 인상을 중요시한다. 오래 전부터 사람의 얼굴을 보고 그 사람의 길흉을 판단하는 관상의 원리가 있었다. 관상의 원리를 어떻게 받아들여야 할까?

관상의 원리가 받아들일 만하다면, 얼굴이 검붉은 사람은 육체적 고생을 하기 마련이다. 그런데 우리는 주위에서 얼굴이 검붉지만 육체적 고생을 하지 않고 편하게 살아가는 사람을 얼마든지 볼 수 있다. 관상의 원리가 받아들일 만하다면, 우리가 사람의 얼굴에 대해서 갖는 인상이란 한갓 선입견에 불과한 것이 아니다. 사람의 인상이 평생에 걸쳐 고정되어 있다고 할 수 있는 경우에만 관상의 원리는 받아들일 만하다. 또한 관상의 원리가 받아들일 만하지 않다면, 관상의 원리에 대한 과학적 근거를 찾으려는 노력은 헛된 것이다. 실제로 많은 사람들이 관상의 원리가 과학적 근거를 가질 것이라고 기대한다. 그런데 우리는 자주 관상가의 판단이 받아들일 만하다고 느끼고, 그런 느낌 때문에 관상의 원리가 과학적 근거를 가질 것이라고 기대하는 것이다. 관상의 원리가 실제로 과학적 근거를 갖는지의 여부는 논외로 하더라도, 관상의 원리에 대하여 과학적 근거가 있을 것이라고 기대하는 사람은 관상의 원리에 의존하는 것이 우리의 삶에 위안을 주는 필요조건 중의 하나라고 믿는다.

─── 보기 ───

㉠ 관상의 원리는 받아들일 만한 것이 아니다.
㉡ 우리가 사람의 얼굴에 대해서 갖는 인상이란 선입견에 불과하다.
㉢ 사람의 인상은 평생에 걸쳐 고정되어 있다고 할 수 있다.
㉣ 관상의 원리에 대한 과학적 근거를 찾으려는 노력은 헛된 것이다.
㉤ 관상의 원리가 과학적 근거를 갖는다고 기대하는 사람들은 우리가 관상의 원리에 의존하면 삶의 위안을 얻을 것이라고 믿는다.

① ㉠, ㉣
② ㉡, ㉤
③ ㉣, ㉤
④ ㉠, ㉡, ㉣

29. 다음은 수도권 甲시의 건물들의 높이를 비교한 내용이다. 가장 높은 건물과 가장 낮은 건물을 바르게 짝지은 것은?

• 을(乙)시의 ○○타워는 수도권에서 가장 높은 건물로 유명하다.
• ◇◇시티는 △△타워보다는 낮다.
• ◎◎빌딩은 甲시에서 가장 높은 건물이다.

① ◎◎빌딩, ◇◇시티
② ○○타워, ◇◇시티
③ ◎◎빌딩, △△타워
④ ○○타워, △△타워

30. 어떤 사진을 물끄러미 보고 있는 사람에게 누군가가 물었다. 그가 보고 있는 것은 누구의 사진인가?

> "당신은 지금 누구의 사진을 보고 있나요?"
> "나는 남자 형제도 여자 형제도 없는데, 이 남자의 아버지는 내 아버지의 아들입니다." (여기서, '이 남자의 아버지'란 사진 속에 있는 남자의 아버지를 말한다)

① 할아버지
② 아버지
③ 자기 자신
④ 아들

31. 재오, 상원, 기찬, 미란, 장미, 민정 여섯 명이 심부름을 가는 사람을 정하는데 다음의 조건을 모두 지켜야 한다. 심부름을 할 사람을 바르게 짝지은 것은?

> ㉠ 재오와 기찬이가 심부름을 가면 미란이도 심부름을 간다.
> ㉡ 미란이와 장미 중 한 명이라도 심부름을 가면 민정이도 심부름을 간다.
> ㉢ 민정이가 심부름을 가면 기찬이와 상원이도 심부름을 간다.
> ㉣ 상원이가 심부름을 가면 민정이는 심부름을 가지 않는다.
> ㉤ 기찬이가 심부름을 가면 민정이도 심부름을 간다.

① 재오, 상원
② 재오, 기찬
③ 상원, 장미
④ 기찬, 민정

32. 은행, 식당, 편의점, 부동산, 커피 전문점, 통신사 6개의 상점이 아래에 제시된 조건을 모두 만족하며 위치할 때, 오른쪽에서 세 번째 상점은 어느 것인가?

> ① 모든 상점은 옆으로 나란히 연이어 위치하고 있으며, 사이에 다른 상점은 없다.
> ② 편의점과 식당과의 거리는 두 번째로 멀다.
> ③ 커피 전문점과 편의점 사이에는 한 개의 상점이 있다.
> ④ 왼쪽에서 두 번째 상점은 통신사이다.
> ⑤ 식당의 바로 오른쪽 상점은 부동산이다.

① 식당
② 통신사
③ 은행
④ 편의점

33. 다음 도형에서 찾을 수 있는 최대 삼각형의 수는?

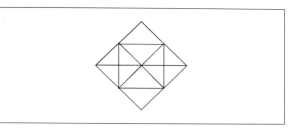

① 24개
② 26개
③ 28개
④ 30개

34. 다음 전개도를 접었을 때 나타나는 정육면체의 모양이 아닌 것을 고르시오.

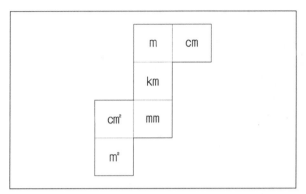

①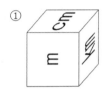
②
③
④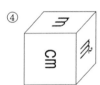

35. 다음 제시된 그림과 같이 쌓기 위해 필요한 블록 수를 구하시오.

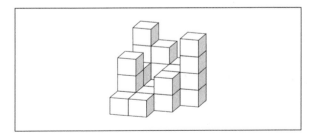

① 25개
② 26개
③ 27개
④ 28개

36. 다음 주어진 부분도를 보고 알맞은 입체도형을 고르시오.

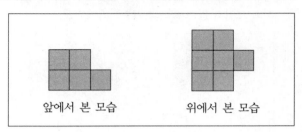

앞에서 본 모습   위에서 본 모습

①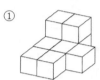
②
③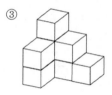
④

37. 다음 제시된 블록에서 바닥에 닿은 면을 제외하고 어디서도 보이지 않는 블록의 개수를 구하시오.

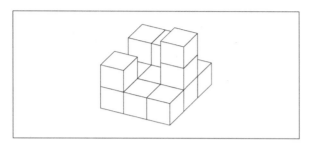

① 0개
② 1개
③ 2개
④ 3개

38. 다음은 블록을 위에서 본 모습이다. 블록의 개수로 옳은 것은?

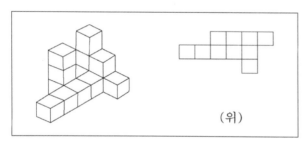

(위)

① 15
② 16
③ 17
④ 18

39. 제시된 문자를 서로 비교하여 다른 것을 고르시오.

① 日就月將非夢似夢 – 日就月將非夢似夢
② 茫茫大海壯元及第 – 茫茫大海壯元及第
③ 塞翁之馬指鹿爲馬 – 塞翁之馬指鹿馬爲
④ 舊態依然九折羊腸 – 舊態依然九折羊腸

40. 보기를 참고하여 제시된 단어를 바르게 표기한 것을 고르시오.

〈보기〉

a = 소   b = 전   c = 원   d = 결
e = 망   f = 명   g = 리   h = 해
i = 개   j = 성   k = 설   l = 특

망 명 소 원 해 성

① e f a c h j
② e a f c h j
③ e f c a h j
④ e c f a h j

|41~42| 다음 도형의 일정한 규칙을 찾아 ?에 들어갈 알맞은 도형을 고르시오.

41.

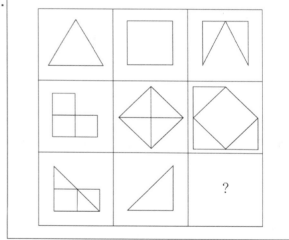

①
②
③
④

42.

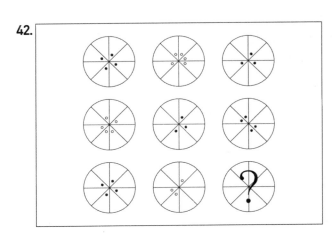

①   ②

③   ④

43. 다음 제시된 세 개의 단면을 참고하여 해당되는 입체도형을 고르시오.

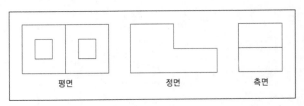

①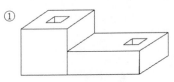

②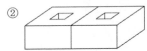

③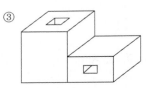

④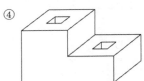

44. 다음 제시된 도형에서 나올 수 없는 조각을 고르시오.

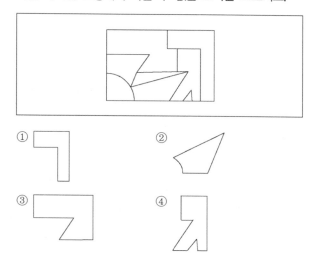

① ② ③ ④

45. 다음 전개도를 접었을 때 두 점 사이의 거리가 가장 먼 것을 고르시오.

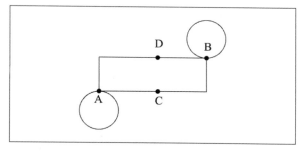

① AB ② AC
③ BC ④ BD

부산광역시교육청
모의고사

절 취 선

성명

(자 필 성 명)

생 년 월 일

		0	1	2	3	4	5	6	7	8	9
		0	1	2	3	4	5	6	7	8	9
		0	1	2	3	4	5	6	7	8	9
		0	1	2	3	4	5	6	7	8	9
		0	1	2	3	4	5	6	7	8	9
		0	1	2	3	4	5	6	7	8	9
		0	1	2	3	4	5	6	7	8	9
		0	1	2	3	4	5	6	7	8	9

1	① ② ③ ④	21	① ② ③ ④	41	① ② ③ ④
2	① ② ③ ④	22	① ② ③ ④	42	① ② ③ ④
3	① ② ③ ④	23	① ② ③ ④	43	① ② ③ ④
4	① ② ③ ④	24	① ② ③ ④	44	① ② ③ ④
5	① ② ③ ④	25	① ② ③ ④	45	① ② ③ ④
6	① ② ③ ④	26	① ② ③ ④		
7	① ② ③ ④	27	① ② ③ ④		
8	① ② ③ ④	28	① ② ③ ④		
9	① ② ③ ④	29	① ② ③ ④		
10	① ② ③ ④	30	① ② ③ ④		
11	① ② ③ ④	31	① ② ③ ④		
12	① ② ③ ④	32	① ② ③ ④		
13	① ② ③ ④	33	① ② ③ ④		
14	① ② ③ ④	34	① ② ③ ④		
15	① ② ③ ④	35	① ② ③ ④		
16	① ② ③ ④	36	① ② ③ ④		
17	① ② ③ ④	37	① ② ③ ④		
18	① ② ③ ④	38	① ② ③ ④		
19	① ② ③ ④	39	① ② ③ ④		
20	① ② ③ ④	40	① ② ③ ④		

부산광역시교육청
교육공무직원
모의고사

- 정답 및 해설 -

1	③	2	②	3	③	4	④	5	①
6	④	7	③	8	①	9	④	10	①
11	③	12	②	13	③	14	③	15	③
16	④	17	④	18	②	19	④	20	④
21	②	22	③	23	④	24	③	25	②
26	②	27	③	28	④	29	①	30	②
31	③	32	④	33	②	34	④	35	②
36	④	37	④	38	②	39	②	40	②
41	②	42	②	43	③	44	③	45	②

1 | ③

적합 … 일이나 조건 따위에 꼭 알맞음
③ 서로 응하거나 어울림
① 어떤 것을 사용하거나 이용하는 것이 거북하거나 괴로움
② 완전히 끝마침
④ 서로 나뉘어 떨어짐

2 | ②

일축 … 제안이나 부탁 따위를 단번에 거절하거나 물리침
② 승낙 : 청하는 바를 들어줌
① 단축 : 시간이나 거리 따위가 짧게 줄어듦. 또는 그렇게 줄임
③ 유치 : 행사나 사업 따위를 이끌어 들임
④ 일체 : 모든 것, '전부' 또는 '완전히'의 뜻을 나타내는 말

3 | ③

③ 아무리 급해도 밟아야 할 절차는 밟아야 한다는 뜻이다.

4 | ④

무녀리 … 한 배의 새끼 중 맨 먼저 태어난 새끼로, 언행이 좀 모자라서 못난 사람을 비유하는 말이다.

5 | ①

① 쪼개거나 나누어 따로따로 되게 하다.
②④ 물체가 공기나 물을 양옆으로 열며 움직이다.
③ 양쪽으로 열어젖히다.

6 | ④

① 과전이하(瓜田梨下) : 의심받기 쉬운 행동은 피하는 것이 좋음을 이르는 말
② 구밀복검(口蜜腹劍) : 말로는 친한 듯하나 속으로는 해칠 생각이 있음을 이르는 말
③ 교각살우(矯角殺牛) : 잘못된 점을 고치려다가 그 방법이나 정도가 지나쳐 오히려 일을 그르침을 이르는 말

7 | ③

③ 어떤 방면으로 활동 범위나 세력을 넓혀 나아감
① 새로운 영역, 운명, 진로 따위를 처음으로 열어 나감
② 향하여 내처 들어감
④ 일이 목적한 방향대로 진행되어 감

8 | ①

(나) 문제의 제기 → (가) 전 지구화의 경향이 환경문제를 더욱 악화시킴 → (다) 그 원인과 책임은 선진국에 있음 → (라) (다)에 대한 부연설명 → (마) (다)과 (라)에 대한 예

9 | ④

받다
㉠ 어떤 상황이 자기에게 미치다.
㉡ 요구, 신청, 질문, 공격, 도전, 신호 따위의 작용을 당하거나 거기에 응하다.
㉢ 다른 사람이 바치거나 내는 돈이나 물건을 책임 아래 맡아 두다.
㉣ 점수나 학위 따위를 따다.

10 | ①

글의 초반부에서 '소수의 영웅들을 전면에 내세움으로써 그 이면에 있는 다수의 실패자들을 은폐하는 역할을 한다.'는 진술을 통해 ①의 내용이 잘못되었음을 알 수 있다. 또한 '자본주의는 지극히 공정하고 정당한 방식으로 운영되고 있으며, 오직 부족한 것은 개인의 능력과 노력인 것처럼 보인다.'고 진술된 부분은 겉으로 그렇게 보일 뿐이지 실제는 그렇지 않다는 진술이므로 결국 ①의 진술은 틀린 것이다.

11 | ③

주어진 글은 리셋 증후군의 개념과 증상에 대해 설명하는 글이다. 따라서 ③의 정신적 질환의 일종으로 분류된다는 진술은 앞 문장(리셋 증후군의 행동 양상)과 뒤 문장(청소년기 리셋 증후군의 영향)과 어울리지 않아 삭제하는 것이 적절하다.

12 | ②

앨런 튜링이 세계 최초의 머신러닝 발명품을 고안해낸 것이 아니라, 머신러닝을 하는 체스 기계를 생각하고 있었다고만 언급되어 있으며, 이것을 현실화한 것이 알파고이다.
① 앨런 튜링의 인공지능에 대한 고안 자체는 컴퓨터 등장 이전에 '튜링 머신'을 통해 이루어졌다.

③ 알파고는 컴퓨터들과 달이 입력된 알고리즘을 기반으로 스스로 학습하는 지능을 지녔다.
④ 알파고 이전에도 바둑이나 체스를 두는 컴퓨터가 존재했었다.

13 | ③

파리지옥이 저작운동을 한다는 내용은 없으며 수액을 분비해 곤충을 소화한다고 하였다.

14 | ③

전전항에 ×2를 한 다음 전항의 수를 더한 값이 다음 항의 값이 되는 원리이다.
$1 \times 2 + 1 = 3$
$1 \times 2 + 3 = 5$
$3 \times 2 + 5 = 11$
$5 \times 2 + 11 = 21$
$11 \times 2 + 21 = 43$
$21 \times 2 + 43 = 85$

15 | ③

앞의 숫자의 자리수를 더한 값을 앞의 수에 더해주면 그것이 후항의 수가 되는 규칙이다.
$311 \rightarrow 3 + 1 + 1 = 5 \rightarrow 311 + 5 = 316$
$316 \rightarrow 3 + 1 + 6 = 10 \rightarrow 316 + 10 = 326$
$326 \rightarrow 3 + 2 + 6 = 11 \rightarrow 326 + 11 = 337$
$337 \rightarrow 3 + 3 + 7 = 13 \rightarrow 337 + 13 = 350$
$350 \rightarrow 3 + 5 + 0 = 8 \rightarrow 350 + 8 = 358$
$358 \rightarrow 3 + 5 + 8 = 16 \rightarrow 358 + 16 = 374$
$374 \rightarrow 3 + 7 + 4 = 14 \rightarrow 374 + 14 = 388$

16 | ④

A 합금의 양을 x, B 합금의 양을 y라 하면

$$\frac{4}{7}x + \frac{2}{5}y = \frac{10}{19} \times 950 \Rightarrow 10x + 7y = 8750$$

$$\frac{3}{7}x + \frac{3}{5}y = \frac{9}{19} \times 950 \Rightarrow 5x + 7y = 5250$$

두 식을 연립하면 A $= x = 700$g, B $= y = 250$g

17 | ④

페인트 한 통으로 도배할 수 있는 넓이를 $x\text{m}^2$,
벽지 한 묶음으로 도배할 수 있는 넓이를 $y\text{m}^2$라 하면
$\begin{cases} x + 5y = 51 \\ x + 3y = 39 \end{cases}$ 이므로 두 식을 연립하면

$2y = 12 \Rightarrow y = 6, \; x = 21$

따라서 페인트 2통과 벽지 2묶음으로 도배할 수 있는
넓이는 $2x + 2y = 42 + 12 = 54(\text{m}^2)$이다.

18 | ②

현수가 자전거를 타고 간 거리를 x km, 뛰어간 거리를
y km라고 하면

$\begin{cases} x + y = 5 \\ \dfrac{x}{12} + \dfrac{y}{8} = \dfrac{1}{2} \end{cases}$

$\therefore \; x = 3, \; y = 2$

19 | ④

합계가 2이므로 A $= 1$
B $= 8 - 1 - 3 - 2 = 2$
C $= 1 + 2 = 3$
D $= 9 - 1 - 3 = 5$

20 | ④

과학＼수학	60	70	80	90	100	합계
100				1	1	2
90			1	2		3
80		2	5	3	1	11
70	1	2	3	2		8
60	1					1
합계	2	4	9	8	2	25

$1+1+1+2+2+5+3+1+3+2 = 21$

21 | ②

평균이 90점 이상이 되려면 총점이 180점 이상이 되어
야 한다. 따라서 아래 표의 표시한 부분의 학생들만 해
당된다.

과학＼수학	60	70	80	90	100	합계
100				1	1	2
90			1	2		3
80		2	5	3	1	11
70	1	2	3	2		8
60	1					1
합계	2	4	9	8	2	25

평균이 90점 이상인 학생은 모두 5명이므로 전체 학생
의 $\frac{5}{25} \times 100 = 20(\%)$가 된다.

22 | ③

출시 건수가 가장 많은 회사는 B사, 세 번째로 많은 회
사는 C사이다.
B사의 2018년 대비 2019년의 증감률은

$$\frac{118 - 121}{121} \times 100 = -2.48(\%)$$

C사의 2018년 대비 2019년의 증감률은

$$\frac{80 - 61}{61} \times 100 = 31.15(\%)$$

23 | ④

④ 미곡과 맥류의 재배면적의 합은 2,081이고, 곡물 재배면적 전체는 2,714이므로

$$\frac{2,081}{2,714} \times 100 = 76.6\%$$

① 두류의 증감방향 : 증가 → 증가 → 증가

미곡의 증감방향 : 감소 → 증가 → 증가

② 1962년, 1963년, 1964년은 서류의 생산량이 더 많다.

③ 1964년의 경우 $\frac{208}{138} = 1.5$배이다.

24 | ③

$$\frac{55}{88 + 55 + 49 + 3 + 5} = \frac{55}{200}$$

$$\frac{55}{200} \times 100 = 27.5(\%)$$

25 | ②

B와 C가 취미가 같고, C는 E와 취미생활을 둘이서 같이 하므로 B가 책읽기를 좋아한다면 E도 여가 시간을 책읽기로 보낸다.

26 | ②

• 은이만 범인이면 목격자 A 참, 목격자 B 거짓, 목격자 C 참
• 영철이만 범인이면 목격자 A 참, 목격자 B 참, 목격자 C 참
• 숙이만 범인이면 목격자 A 거짓, 목격자 B 참, 목격자 C 참

27 | ③

세 사람의 나이는 '민수＞병식, 기완＞병식'이고, 기완이와 민수 중 나이가 누가 더 많은지는 알 수 없다. 주어진 정보로 알 수 있는 사실은 병식이가 가장 어리다는 것이다.

28 | ④

조건에 따라 순번을 매겨 성적이 높은 순으로 정리하면 B ＞ D ＞ A ＞ E ＞ C가 된다.

29 | ①

조건에 따르면 영업과 사무 분야의 일은 A가 하는 것이 아니고, 관리는 B가 하는 것이 아니므로 'A – 관리, B – 사무, C – 영업, D – 전산'의 일을 하게 된다.

30 | ②

대우 명제를 이용하여 해결하는 문제이다.

대우 명제를 생각하기 전에 주어진 명제들의 삼단논법에 의한 연결 형태를 먼저 찾아보아야 한다. 주어진 다섯 개의 명제들 중 첫 번째, 두 번째, 세 번째 명제는 단순 삼단논법으로 연결되어 우주특급 → 공주의 모험 → 자이로스핀 → ~번지번지의 관계가 성립됨을 쉽게 알 수 있다. 따라서 이것의 대우 명제인 번지번지 → ~우주특급(번지번지를 타 본 사람은 우주특급을 타 보지 않았다)도 옳은 명제가 된다.

31 | ③

인천에서 모스크바까지 8시간이 걸리고, 인천이 6시간 더 빠르므로

- 3일 09 : 00시 출발 비행기를 타면 9+(8−6)=3일 11시 도착
- 3일 19 : 00시 출발 비행기를 타면 19+(8−6)=3일 21시 도착
- 4일 09 : 00시 출발 비행기를 타면 9+(8−6)=4일 11시 도착
- 4일 11 : 00시 출발 비행기를 타면 11+(8−6)=4일 13시 도착

32 | ④

주어진 조건에 따라 범인을 가정하여 진술을 판단하면 다음과 같다.

〈사건 1〉

진술＼범인	가인	나은	다영
가인	거짓	참	참
나은	참	참	거짓
다영	거짓	거짓	참

〈사건 2〉

진술＼범인	라희	마준	바은
라희	거짓	참	참
마준	거짓	참	참
바은	거짓	거짓	참

따라서 〈사건 1〉의 범인은 가인, 〈사건 2〉의 범인은 라희이다.

33 | ②

범인이 가인과 라희이므로 거짓을 이야기하지 않은 사람은 '나은'뿐이다.

34 | ④

① 국어의미론과 국어음운론은 함께 수강할 수 없다.
② 乙은 문학개론을 수강하지 않았으므로 국문학사를 수강할 수 없다.
③ 총 학점이 11학점이므로 12학점이 넘지 못해 수강할 수 없다.

35 | ②

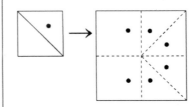

36 | ④

37 | ④

38 | ②

39 | ②

해당 도형을 펼치면 ②가 나타난다.

40 | ②

② 서점에서구매학경우

41 | ②

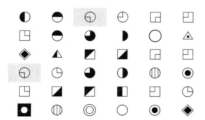

42 | ②

② 그림을 보기와 같은 위치로 돌려보면 아래와 같은 모양이 된다. 화살표의 방향이 서로 바뀌었다는 것을 알 수 있다.

① 보기의 그림을 180° 회전시킨 모양이다.
③ 보기의 그림을 오른쪽으로 90° 회전시킨 모양이다.
④ 보기의 그림을 왼쪽으로 90° 회전시킨 모양이다.

43 | ③

〈보기〉에 제시된 블록의 총 개수는 18개이다. 도형 A의 블록 수가 6개이고, 도형 B의 블록 수가 5개이므로 도형 C는 7개의 블록으로 이루어진 모양이어야 한다.

44 | ③

왼쪽으로 90° 씩 회전하였다.

45 | ②

그림을 보면 AC의 길이가 가장 길다.

1	③	2	③	3	④	4	④	5	②
6	②	7	②	8	③	9	③	10	②
11	②	12	③	13	①	14	②	15	③
16	③	17	③	18	③	19	①	20	②
21	①	22	③	23	②	24	②	25	③
26	④	27	①	28	④	29	②	30	④
31	③	32	③	33	①	34	④	35	③
36	①	37	②	38	①	39	④	40	①
41	③	42	③	43	③	44	②	45	④

1 | ③

③ 어떤 것에 대한 대가로 갚음
① 어떤 일이 어려움 없이 이루어지도록 조건을 마련하여 보증하거나 보호함
② 어떤 사물이나 사람에 대하여 책임지고 틀림이 없음을 증명함
④ 절하며 올린다는 뜻으로 예스러운 편지글에서 사연을 다 쓴 뒤에 자기 이름 다음에 쓰는 말

2 | ③

수더분하다 ⋯ 성질이 까다롭지 아니하여 순하고 무던하다.
③ 까다롭다 : 성미나 취향 따위가 원만하지 않고 별스럽게 까탈이 많다.
① 강건하다 : 의지나 기상이 굳세고 건전하다.
② 듬직하다 : 사람됨이 믿음성 있게 묵직하다.
④ 깔끔하다 : 생김새 따위가 매끈하고 깨끗하다.

3 | ④

① 어부지리(漁父之利) : 두 사람이 이해관계로 서로 싸우는 사이에 엉뚱한 사람이 애쓰지 않고 가로챈 이익을 이르는 말
② 오리무중(五里霧中) : 무슨 일에 대하여 방향이나 갈피를 잡을 수 없음을 이르는 말
③ 임기응변(臨機應變) : 그 때 그 때 처한 사태에 맞추어 즉각 그 자리에서 결정하거나 처리함

4 | ④

④ 저 신사는 큰 기업의 회장 겸 대표이사이다.

5 | ②

'곤충에도 뇌가 있다(인간과 같다).'는 문장과 '인간의 뇌만큼 발달되어 있지 않다(차이).'는 문장을 잇는 역접의 관계를 나타내는 접속어를 선택한다. 두 번째 괄호에는 '때문이다'로 보아 원인을 나타내는 접속사가 들어가야 한다.

6 | ②

② '위로 끌어 올리다'의 뜻으로 사용될 때는 '추켜올리다'와 '추어올리다'를 함께 사용할 수 있지만 '실제보다 높여 칭찬하다'의 뜻으로 사용될 때는 '추어올리다'만 사용해야 한다.
① 쓰여지는 지 → 쓰이는지
③ 나룻터 → 나루터
④ 서슴치 → 서슴지

7 | ②

(나) 먹는 쪽이 강하다고 여겨지는 동물의 포식관계(도입) → (다) 이러한 포식관계가 전 개체 간에서 통용되는 것은 아님 → (가) 종과 종이라는 관계에서 본 먹고 먹힘의 관계 → (라) 먹히는 쪽의 목숨에 따라 양육되어 온 먹는 쪽의 목숨 → (마) 먹히는 쪽에 달린 먹는 쪽의 목숨

8 | ③

ⓐ와 ⓑ는 반의어 관계이다. 따라서 정답은 ③이다.

9 | ③

주어진 글을 보면 냉장고는 당장의 필요 이상의 것들을 소비하도록 만든다고 말하고 있으므로 중심내용은 ③이 적절하다.

10 | ②

과거 냉장고가 없던 시기에는 이웃들과 음식을 나눠 먹는 일이 빈번했지만 이제 남은 음식은 냉장고에 보관하게 되었다는 내용이 빈칸의 뒤로 이어지고 있다. 따라서 빈칸에는 ②의 내용이 가장 적절하다.

11 | ②

상민이 양반과 대칭되는 개념으로 사용됐고, 현실적으로 피지배 신분의 위치에 있었다는 것으로 빈칸의 내용을 추론할 수 있다.

12 | ③

주어진 문단에서는 지구의 생태학적인 위기에 대해 이야기하고 있으므로, "아바나 시민이 경험한 위기"가 문단 앞에 나오는 것이 가장 적절하다.

13 | ①

장미 한 송이의 가격을 x원, 국화 한 송이의 가격을 y원이라고 하면

$$\begin{cases} 3x + 4y = 4300 \\ x = y - 200 \end{cases}$$

$\therefore \ x = 500, \ y = 700$

14 | ②

영희가 빨간 공을 꺼내고 철수가 빨간 공을 꺼내지 않을

확률 : $\dfrac{3}{10} \times \dfrac{7}{9} = \dfrac{21}{90}$

영희가 빨간 공을 꺼내지 않고 철수가 빨간 공을 꺼낼

확률 : $\dfrac{7}{10} \times \dfrac{3}{9} = \dfrac{21}{90}$

두 확률을 더하면 $\dfrac{42}{90} = \dfrac{7}{15}$

15 | ③

노새가 가진 당근의 수를 x, 당나귀가 가진 당근의 수를 y라 하면,

$x + 1 = 2(y-1)$, $x - 1 = y + 1$이고, 이를 풀면 $x = 7$, $y = 5$이다.

따라서 $x + y = 12$(개)

16 | ③

직원 50명 중에서 임의로 선택한 1명이 1년차 직원인 사건을 A, 주제 B를 고르는 사건을 B라 하면

$p_1 = \mathrm{P}(B|A) = \dfrac{16}{24} = \dfrac{2}{3}$

$p_2 = \mathrm{P}(A|B) = \dfrac{16}{30} = \dfrac{8}{15}$

$\therefore \ \dfrac{p_2}{p_1} = \dfrac{\frac{8}{15}}{\frac{2}{3}} = \dfrac{4}{5}$

17 | ③

- 두 사람이 달리는 속도를 초속으로 바꾸어 계산하면

$$\frac{3.6 \times 1,000}{60 \times 60} = 1\,\text{m/s}$$

- 기차와 같은 방향으로 달릴 때는 기차가 달리는 사람을 지나치는데 오랜 시간이 걸리므로 A가 기차와 같은 방향, B가 기차와 반대방향으로 달리고 있다.
- A는 24초, B는 20초이므로 두 사람의 거리 차는

$$1 \times (24 + 20) = 44\,\text{m}$$

- 기차는 이 거리를 4초 만에 통과하였으므로 기차의 속력은 $\frac{44}{4} = 11\,\text{m/s}$
- 기차와 같은 방향으로 달리는 A를 지나칠 때의 속력은 $11 - 1 = 10\,\text{m/s}$, 반대 방향으로 달리는 B를 지나칠 때의 속력은 $11 + 1 = 12\,\text{m/s}$

$$\therefore \text{ 기차의 길이는 } 10\,m/s \times 24s = 12\,m/s \times 20s = 240\,(\text{m})$$

18 | ③

1학년 남학생, 여학생 수를 각각 x, y 라 하면
2학년 남학생, 여학생 수는 각각 y, x 이다.
3학년 여학생 수를 z 라고 하면,

$$z = \frac{2}{5}(x + y + z) \rightarrow z = \frac{2}{3}(x + y)$$

$$\frac{(\text{3학년 여학생 수})}{(\text{전체 학생 수})} = \frac{\frac{2}{3}(x + y)}{3(x + y)} = \frac{2}{9}$$

$$\therefore a + b = 11$$

19 | ①

주어진 수열은 세 번째 항부터 앞의 두 항을 더한 값이 다음의 항이 되는 규칙을 가지고 있다.
따라서 빈칸에 들어갈 수는 $64 + 105 = 169$이다.

20 | ②

규칙을 보면 $+1$, -2, $+3$, -4, $+5$, $\cdots$ 으로 진행되고 있다.
따라서 빈칸에 들어갈 수는 $96 + 5 = 101$이다.

21 | ①

주어진 식의 @ 규칙은 @ 앞의 수에 뒤의 수를 나눈 값의 소수점 첫째 자리가 답이 되는 것이다.
따라서 마지막 식을 풀면 $(19@21)@15 = (19 \div 21 = 0.904\cdots = 9)$, $9@15 = 6$이다.

22 | ③

주사위를 던져서 3의 배수의 눈이 나오는 경우, 즉 시계 방향으로 주사위를 주는 경우를 a, 주사위를 던져서 3의 배수가 아닌 눈이 나오는 경우, 즉 시계 반대 방향으로 주사위를 주는 경우를 b 라 하자.
5번 주사위를 던진 후에 B가 주사위를 가지려면 a가 3번, b가 2번 나오거나 b가 5번 나오는 경우이므로 구하는 확률은 $_5C_3 \left(\frac{1}{3}\right)^3 \left(\frac{2}{3}\right)^2 + \left(\frac{2}{3}\right)^5 = \frac{8}{27}$이다.

23 | ②

버스를 탄 날의 총 만보기 측정값은 다음과 같다.
$11,500 + 14,000 + 12,000 + 11,500 + 12,000 + 12,000 + 11,000 + 11,000 = 95,000$
버스 탄 날은 총 8일이므로 A씨가 버스 타는 날의 평균 만보기 측정값은 $95,000 \div 8 = 11,875$이다.

24 | ②

ⓐ 경상도 사람은 앞에서 세 번째에 서고 강원도 사람 사이에는 다른 지역 사람이 서있어야 하므로 강원도 사람은 경상도 사람의 뒤쪽으로 서게 된다.

ⓑ 서울 사람은 서로 붙어있어야 하므로 첫 번째, 두 번째에 선다.

ⓒ 충청도 사람은 맨 앞 또는 맨 뒤에 서야하므로 맨 뒤에 서게 된다.

ⓓ 강원도 사람 사이에는 자리가 정해지지 않은 전라도 사람이 서게 된다.

∴ 서울 – 서울 – 경상도 – 강원도 – 전라도 – 강원도 – 충청도

25 | ③

• ⓜ에서 유진이는 화요일에 학교에 가지 않으므로 ⓔ의 대우에 의하여 수요일에는 학교에 간다.

• 수요일에 학교에 가므로 ⓛ의 대우에 의해 금요일에는 학교에 간다.

• 금요일에 학교에 가므로 ⓡ의 대우에 의해 월요일에는 학교를 가지 않는다.

• 월요일에 학교를 가지 않으므로 ⓐ의 대우에 의해 목요일에는 학교에 간다.

따라서 유진이가 학교에 가는 요일은 수, 목, 금이다.

26 | ④

성훈이는 일본어 능숙자를 우대하는 화장품 매장에, 지원이는 영어 능력과 손님 응대 능력을 모두 필요로 하는 악기 매장에, 도윤이는 구두 매장에 지원할 것이다.

27 | ①

C가 4번째 정거장이므로 표를 완성하면 다음과 같다.

순서	1	2	3	4	5	6
정거장	D	F	E	C	A	B

따라서 E 바로 전의 정거장은 F이다.

28 | ④

조건에 따라 순서를 정리하면 다음과 같다.

D – B – 점심 – E – A – C

따라서 천지가 첫 번째로 탄 놀이기구는 D이다.

29 | ②

'가이드는 신뢰할 수 있는 사람이다.'가 참이 되려면, '가이드는 많은 정보를 알고 있다.'와 '많은 정보를 알고 있는 사람은 신뢰할 수 있는 사람이다.'가 필요하다.

따라서 ②가 정답이다.

30 | ④

기술개발단계에 있는 공모자수 비중의 연도별 차이는 $45.8(2023) - 36.3(2022) = 9.5$, 시장진입단계에 있는 공모자수 비중의 연도별 차이는 $36.4(2022) - 29.1(2023) = 7.3$으로 기술개발단계에 있는 공모자수 비중의 연도별 차이가 더 크다.

① 2023년 회사원 공모자의 전년대비 증가율은 $\frac{567 - 297}{297} \times 100 = 90.9(\%)$로 90% 이상이다.

② 창업아이디어 공모자의 직업 구성의 1위와 2위는 2022년에는 기타, 회사원이고 2023년에는 회사원, 기타로 동일하지 않다.

③ 2022년에 기술개발단계에 공모자수의 비중은 $291 \div 802 \times 100 = 36.3(\%)$로 40% 이하이다.

31 | ③

ⓐ $73 + 118 = 191$

ⓑ $31 + 93 = 124$

ⓒ $140 + 209 = 349$

∴ ⓐ + ⓑ + ⓒ = 664

32 | ①

- ㉠과 ㉢에 의해 A − D − C 순서이다.
- ㉣에 의해 나머지는 모두 C 뒤에 들어왔다는 것을 알 수 있다.
- ㉡과 ㉤에 의해 B − E − F 순서이다.

따라서 A − D − C − B − E − F 순서가 된다.

33 | ①

제시된 순서대로 접은 후 가위로 자른 모양은 ①이다.

34 | ④

35 | ③

36 | ①

바닥면부터 블록의 개수를 세어 보면, 15+8+6+3=32(개)이다.

37 | ②

해당 도형을 펼치면 ②가 나타날 수 있다.

38 | ①

삼면이 일치하는 도형은 ①이다.

39 | ④

40 | ①

↓	⇪	⤚	↩	⇌	⇛
⤚	⤨	⤷	↷	⤚	⤷
⤷	↓	⇔	⇎	⤨	⇪
⇌	↶	↳	⇌	⇔	↳
⇔	⇛	⇧	⇛	↷	⤚
⤷	⤚	‡	⤡	↓	⤨

41 | ③

도로	도민	도호	도중	도도	도랑
도해	도편	도진	도보	도현	도가
도린	도하	도난	도참	도용	도기
도도	도담	도겸	도성	도모	도첨
도서	도가	도토	도정	도포	도서
도청	도료	도랑	도희	도담	도호

42 | ③

① 평면, 정면의 모양이 다르다.
②④ 평면, 정면, 측면의 모양이 다르다.

43 | ③

제시된 도형을 반시계 방향으로 90° 회전하면 ③과 같이 된다.

44 | ②

삼각형 → 사각형 → 오각형 → …의 순서로 원 안팎으로 번갈아가며 나타나고 있다. 별과 어두운 음영으로 표시된 부분도 교대로 위치가 뒤바뀌고 있다.

45 | ④

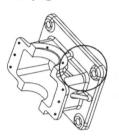

1	②	2	①	3	②	4	①	5	②
6	④	7	④	8	④	9	①	10	②
11	①	12	④	13	②	14	③	15	③
16	③	17	②	18	①	19	③	20	④
21	①	22	④	23	③	24	③	25	②
26	①	27	③	28	③	29	②	30	③
31	④	32	②	33	①	34	④	35	③
36	②	37	③	38	②	39	②	40	③
41	①	42	②	43	①	44	③	45	②

1 | ②

귀결 … 끝을 맺음을 이르는 말로 결과, 종결, 결론이라고도 한다.
① 고지(高志) ③ 귀감(龜鑑) ④ 귀공(鬼工)

2 | ①

상전벽해와 능곡지변은 모두 세상이 극심하게 변함을 이르는 의미를 담고 있어 유의관계에 있다고 할 수 있다. 따라서 맥수지탄과 유사한 의미를 가진 한자성어인 망국지한이 괄호 안에 들어가는 것이 적절하다.
① 나라가 망함에 대한 탄식
② 자신의 비위에 맞으면 취하고 그렇지 않으면 버림
③ 같은 무리끼리 서로 사귐
④ 사방으로 날아 흩어짐

3 | ②

① 안분지족
③ 강산풍월
④ 소풍농월

4 | ①

② 달이다 → 다리다(옷의 구김을 펴기 위해 다리미로 문지르다.)
③ 벌인 → 벌린(벌리다 : 둘 사이를 넓히거나 멀게 하다.)
④ 너머 → 넘어(넘다 : 경계를 건너 지나다.)

5 | ②

'넉넉하다'와 호응하는 것은 '마음'이고, '강물'과 호응하는 것은 '유유하다'이다.

6 | ④

④ 떠난지 → 떠난 지

7 | ④

① 구절양장(九折羊腸) : 아홉 번 꼬부라진 양의 창자
② 국사무쌍(國士無雙) : 나라에서 견줄 사람이 없을 정도로 빼어난 선비
③ 군맹무상(群盲撫象) : 맹인 여럿이 코끼리를 만진다.

8 | ④

시행(施行) : 실지로 행함.
발행(發行) : 출판물이나 인쇄물을 찍어서 세상에 펴냄.
역행(逆行) : 보통의 방향과 반대 방향으로 거슬러 나아감.

9 | ①

I에서는 방화벽 시스템의 개념에 대한 설명이 다루어져야 하므로 ①과 어울리지 않는다. 보유 정보가 해커들로부터 보호할 가치가 있다는 주장을 하고자 한다면, II에서 제시하여 방화벽 시스템의 필요성을 강조할 수 있다.

10 | ②

제시된 글에서 어떤 개체의 행동을 결정하는 일괄된 기준은 오로지 유전자의 이익이며 이는 인간이 냉혹한 이기주의자라는 것이 아닌 오히려 인간의 이타적이고 협력적인 태도를 설명할 수 있는 이론이라고 말한다.

11 | ①

주어진 문장은 논증의 종류에 대해 말하고 있다. 이후 내용은 각각의 논증의 종류에 대한 설명이 와야 하므로 주어진 문장이 들어갈 가장 적절한 곳은 ㈎이다.

12 | ④

우리가 일반적으로 동물은 나쁘게 보는 인식을 가지고 있음을 말한 후 빈칸 뒤에 이어지는 내용은 앞선 내용에 의문을 제기하고 있으므로, 상반되는 사실을 나타내는 두 문장을 이어줄 때 쓰는 접속사 '하지만'이 적절하다.

13 | ②

다음의 경우에는 등교하지 않고 담임선생님께 알려야 한다.

㉠ 37.5℃ 이상의 발열 또는 호흡기 증상이 나타난 경우
㉡ 해외여행을 다녀왔거나 확진환자와 접촉하여 자가격리 통지서를 받은 경우
㉢ 가족(동거인) 중 해외여행이나 확진환자와의 접촉으로 자가격리 통지서를 받은 사람이 있는 경우

14 | ③

주어진 수열에서 홀수 번째 수열은 +8씩 증가하고 있고, 짝수 번째 수열은 +5씩 증가하고 있다.
따라서 빈칸에 들어갈 수는 15+8=23이다.

15 | ③

주어진 수열은 ÷3, ×6이 반복되고 있으므로, 빈칸에 들어갈 수는 $8 \times 6 = 48$이다.

16 | ③

$$\begin{array}{|cc|} \hline \dfrac{A}{B} & \dfrac{C}{D} \\ \hline \end{array}$$

$$\therefore \frac{C}{D} = \frac{B-2}{A+B}$$

17 | ②

주어진 식들을 따라 유추해보면 !는 (!앞의 수)×4−(!뒤의 수)이다. 따라서 빈칸에 들어갈 수를 x라고 하면, $7 \times 4 - x = 18$, $x = 10$이다.

18 | ①

4회 참여에 16점을 얻기 위해서는 3회는 5점, 1회는 1점이 올라가야 한다.
따라서 구하는 확률은
$$_4\mathrm{C}_3 \left(\frac{1}{3}\right)^3 \left(\frac{2}{3}\right) = 4 \times \frac{1}{27} \times \frac{2}{3} = \frac{8}{81}$$ 이다.

19 | ③

200g에 들어 있는 소금의 양은 섞기 전 5% 소금물의 소금의 양과 12% 소금물의 소금의 양을 합친 양과 같아야 한다.
㉠ 5% 소금물의 필요량을 x라 하면 녹아 있는 소금의 양은 $0.05x$
㉡ 15% 소금물의 소금의 양은 $0.15(200-x)$
$$0.05x + 0.15(200-x) = 0.12 \times 200$$
$$5x + 3,000 - 15x = 2,400$$
$$10x = 600$$
$$x = 60(\mathrm{g})$$
∴ 5%의 소금물 60g, 15%의 소금물 140g

20 | ④

원가를 x라 하면, $x \times (1+0.4) \times (1-0.3) = 9800$
$$0.98x = 9800$$
$$\therefore x = 10,000 원$$

21 | ①

합격률 공식에 따르면 ⓐ는 $\dfrac{9,903}{21,651} \times 100 = 45.7(\%)$, ⓑ는 $\dfrac{49,993}{101,949} \times 100 = 49.0(\%)$이다.

22 | ④

하루 일당을 계산해 보면 $6 \times 5,000 = 30,000$원

$2,000,000 \div 30,000 = 66.67$일이므로 67일 동안 아르바이트를 하여야 한다.

23 | ③

㉠ 2019 ~ 2021년 동안의 유형별 최종에너지 소비량 비중이므로 전력 소비량의 수치는 알 수 없다.

㉡ 2021년의 산업부문의 최종에너지 소비량은 115,155천TOE이므로 전체 최종 에너지 소비량인 193,832천TOE의 50%인 96,916천TOE보다 많으므로 50% 이상을 차지한다고 볼 수 있다.

㉢ 2019 ~ 2021년 동안 석유제품 소비량 대비 전력 소비량의 비율은 $\dfrac{전력}{석유제품}$으로, 계산하면 2019년 $\dfrac{18.2}{53.3} \times 100 = 34.1(\%)$, 2020년 $\dfrac{18.6}{54} \times 100 = 34.4(\%)$, 2021년 $\dfrac{19.1}{51.9} \times 100 = 36.8(\%)$이므로 매년 증가함을 알 수 있다.

㉣ 2021년 산업부문과 가정·상업부문에서 $\dfrac{무연탄}{유연탄}$을 구하면 산업부문의 경우 $\dfrac{4,750}{15,317} \times 100 = 31(\%)$, 가정·상업부문의 경우 $\dfrac{901}{4,636} \times 100 = 19.4(\%)$이므로 모두 25% 이하인 것은 아니다.

24 | ③

① A반 평균

$$= \frac{(20 \times 6.0) + (15 \times 6.5)}{20 + 15} = \frac{120 + 97.5}{35} = 6.2$$

B반 평균

$$= \frac{(15 \times 6.0) + (20 \times 6.0)}{15 + 20} = \frac{90 + 120}{35} = 6$$

② A반 평균

$$= \frac{(20 \times 5.0) + (15 \times 5.5)}{20 + 15} = \frac{100 + 82.5}{35} = 5.2$$

B반 평균

$$= \frac{(15 \times 6.5) + (20 \times 5.0)}{15 + 20} = \frac{97.5 + 100}{35} = 5.6$$

③④ A반 남학생 $= \dfrac{6.0 + 5.0}{2} = 5.5$

B반 남학생 $= \dfrac{6.0 + 6.5}{2} = 6.25$

A반 여학생 $= \dfrac{6.5 + 5.5}{2} = 6$

B반 여학생 $= \dfrac{6.0 + 5.0}{2} = 5.5$

25 | ③

- 양적완화를 실시하면 달러화 가치가 하락하고 달러 환율이 하락하면 우리나라의 수출이 감소하고 경제지표가 악화된다.
- 양적완화를 중단하면 미국의 금리가 상승하고 우리나라의 금리도 상승하며 외국인의 투자가 증가한다. 또한 우리나라의 금리가 상승하면 가계부채 문제가 심화되고 이는 국내 소비를 감소시키며 경제 침체를 유발한다.

① 수출이 증가하면 달러화 가치는 상승한다.

② 우리나라의 가계부채가 미국의 양적완화에 영향을 미치지는 않는다.

④ 외국인 투자가 우리나라 경제에 미치는 영향은 알 수 없다.

26 | ①

주어진 정보에 따르면 乙 → 丁 → 甲 → 戊 → 丙의 순서대로 내리게 된다. 따라서 세 번째로 내리는 사람은 甲이다.

27 | ③

민수는 고속버스를 싫어하고, 영민이는 자가용을 싫어하므로 비행기로 가는 방법을 선택하면 된다.

28 | ③

조건에 따라 4명을 원탁에 앉히면 D의 왼쪽과 오른쪽에 앉은 사람은 C − B가 된다.

29 | ②

㉠ A가 참인 경우
* E는 무단 투기하는 사람을 못 봤다고 했으므로 E의 말은 거짓이 된다.
* A는 B가 참이라고 했으므로 B에 의해 D가 범인이 된다.
* 그러나 C는 D가 무단 투기하지 않았다고 했으므로 C도 거짓이 된다.
* 거짓말을 한 주민이 C, E 두 명이 되었으므로 D의 말은 참이 된다.
* 그러나 D는 쓰레기를 무단 투기하는 사람을 세 명의 주민이 보았다고 했는데 A는 본인과 E만 보았다고 했으므로 D는 범인이 될 수 없다.

㉡ A가 거짓인 경우
* A의 말이 거짓이면 B의 말도 모두 거짓이 된다.
* 거짓말을 한 사람이 A, B이므로 C, D, E는 참말을 한 것이 된다.
* C에 의하면 D는 범인이 아니다.
* D에 의하면 B는 범인이 아니다.
* E에 의하면 A는 범인이 아니다.
따라서 C가 범인이다.

30 | ③

가장 확실한 조건(B는 204호, F는 203호)을 바탕으로 조건에 따라 채워나가면 다음과 같다.

a라인	201 H	202 A	203 F	204 B	205 빈방
복도					
b라인	210 G	209 C	208 빈방	207 E	206 D

∴ D의 방은 206호이다.

31 | ④

주어진 조건대로 살펴보면 D > C > A > B의 순으로 코스의 길이가 길다. 긴 코스일수록 기울기가 완만하므로 D 코스의 기울기가 가장 완만하다.

32 | ②

부모가 O형이 아닌데 자녀에서 O형이 나타났다면 부모는 둘 다 유전자 O를 하나씩 가지고 있다. 친할아버지의 혈액형이 AB형이기 때문에 아버지의 유전자 O는 친할머니에게서 받은 것이다. 친할머니의 혈액형이 A형이라면 유전자형은 AO가 되고 아버지는 A형(AO) 또는 B형(BO)이다. 이를 구조화하면 다음과 같다.

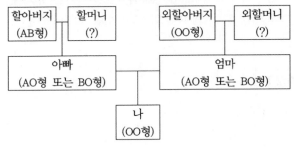

33 | ①

약속장소에 도착한 순서는 E – D – A – B – C이고, 제시된 사실에 따르면 C가 가장 늦게 도착하긴 했지만 약속 시간에 늦었는지는 알 수 없다.

34 | ④

35 | ③

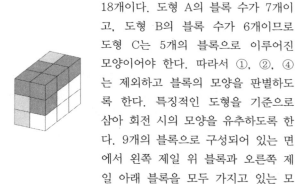

〈보기〉에 제시된 블록의 총 개수는 18개이다. 도형 A의 블록 수가 7개이고, 도형 B의 블록 수가 6개이므로 도형 C는 5개의 블록으로 이루어진 모양이어야 한다. 따라서 ①, ②, ④ 는 제외하고 블록의 모양을 판별하도록 한다. 특징적인 도형을 기준으로 삼아 회전 시의 모양을 유추하도록 한다. 9개의 블록으로 구성되어 있는 면에서 왼쪽 제일 위 블록과 오른쪽 제일 아래 블록을 모두 가지고 있는 모양이 필요하므로 답은 ③번이다.

36 | ②

37 | ③

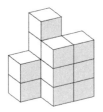

38 | ②

다음에 표시된 맨 아래층 블록 1개가 어디서도 보이지 않는다.

2	1	2	4
1	0	1	
3	2	2	4

39 | ②

ds<u>f</u>5df<u>s</u>7<u>3</u><u>w</u>19g – ds<u>p</u>5bt<u>s</u>2<u>3</u><u>v</u>19g

40 | ②

∴ ∷ ∹ ∵ ≃ ∶
∻ ∸ ∴ ∺ ∷ ≅
≑ ≃ ≒ ∷ ∴ ≆
∷ ∸ ≅ ≑ ≑ ∴
≒ ∴ ∴ ∷ ≒ ≒
≈ ≒ ⋯ ∷ ≑ ⊶

41 | ①

이 경 상 상 교 대 학 – 1 9 2 8 3 5

42 | ②

흰색 동그라미는 시계 방향으로 한 칸씩, 검은색 점은 반시계 방향으로 한 칸씩 이동하고 있다.

43 | ①

앞서 주어진 도형은 앞의 도형이 시계 방향으로 90° 회전한 것으로 ?에는 ①이 적절하다.

44 | ③

③ 그림을 보기와 같은 위치로 돌려보면 아래와 같은 모양이 된다. 왼쪽 아래 네모의 색이 다른 위치에 들어가 있는 것을 알 수 있다.

① 보기의 그림을 오른쪽으로 90° 회전시킨 모양이다.
② 보기의 그림을 180° 회전시킨 모양이다.
④ 보기의 그림을 왼쪽으로 90° 회전시킨 모양이다.

45 | ②

제시된 도형을 조합하면 ②가 된다.

1	①	2	④	3	②	4	③	5	④
6	④	7	②	8	①	9	①	10	①
11	④	12	①	13	②	14	④	15	②
16	④	17	②	18	③	19	②	20	④
21	④	22	①	23	④	24	④	25	②
26	②	27	③	28	②	29	②	30	③
31	③	32	④	33	④	34	④	35	④
36	①	37	②	38	③	39	④	40	③
41	④	42	③	43	④	44	③	45	④

1 | ①

사리(事理) … 일의 이치

2 | ④

방임 … 돌보거나 간섭하지 않고 제멋대로 내버려 두다.
① 방치(放置) : 내버려두다. 방임의 유의어로 볼 수 있다.
② 자유(自由) : 외부적인 구속이나 무엇에 얽매이지 아니하고 자기 마음대로 할 수 있는 상태
③ 방종(放縱) : 제멋대로 행동하여 거리낌이 없다.

3 | ②

② 늘어서 많아짐. 또는 늘려서 많게 함
① 생물체나 세포의 구조와 기능 따위가 특수화되는 현상
③ 양이나 수치가 늚
④ 몸에 살이 쪄서 크고 뚱뚱함

4 | ③

① 설상가상(雪上加霜) : 난처한 일이나 불행한 일이 잇따라 일어남을 이르는 말
② 속수무책(束手無策) : 손을 묶은 것처럼 어찌할 도리가 없어 꼼짝 못함
④ 십년감수(十年減壽) : 수명이 십 년이나 줄 정도로 위험한 고비를 겪음

5 | ④

① 반드시
② 꾸준히
③ 일찍이

6 | ④

보기는 '음식상이나 잠자리 따위를 채비하다'의 뜻이다. 따라서 ④가 적절하다.
① 어떤 관계의 사람을 얻거나 맞다.
② 어떤 일을 당하거나 겪거나 얻어 가지다.
③ 음식 맛이나 간을 알기 위하여 시험 삼아 조금 먹다.

7 | ②

잡다
㉠ 짐승을 죽이다.
㉡ 권한 따위를 차지하다.
㉢ 실마리, 요점, 단점 따위를 찾아내거나 알아내다.
㉣ 자동차 따위를 타기 위하여 세우다.

8 | ①

① 불치하문 : 손아랫사람이나 지위나 학식이 자기만 못한 사람에게 모르는 것을 묻는 일을 부끄러워하지 아니함
② 금상첨화 : 좋은 일 위에 또 좋은 일이 더하여짐을 비유적으로 이르는 말

③ 난형난제 : 두 사물이 비슷하여 낫고 못함을 정하기 어려움을 이르는 말
④ 남부여대 : 남자는 지고 여자는 인다는 뜻으로 가난한 사람들이 살 곳을 찾아 이리저리 떠돌아다님을 이르는 말

9 | ①

〈보기〉의 내용은 우리가 흔히 민주주의의 시작이라고 생각하는 고대 그리스의 민주주의나 대헌장은 대중 민주주의와는 거리가 멀다는 내용이다. ①의 뒤에 오는 내용은 대중 민주주의의 시작에 대해 말하고 있으므로 〈보기〉의 위치는 ①에 오는 것이 적절하다.

10 | ①

'견해'의 유의어는 관념, 소견, 의견 등이 있다.
① 넌지시 알림 또는 그 내용
② 어떤 일에 대한 견해나 생각
③ 어떤 일이나 사물을 살펴보고 가지게 되는 생각이나 의견
④ 어떤 대상에 대하여 가지는 생각

11 | ④

B전자는 세계 스마트폰 시장 1등이며, 최근 중저가 폰의 판매량이 40% 나타났지만 B전자가 주력으로 판매하는 폰이 중저가 폰인지는 알 수 없다.

12 | ①

① 같은 조건이라면 좀 더 좋고 편리한 것을 택한다.
② 일이 우연히 잘 맞아 감
③ 남의 덕으로 분에 넘치는 행세를 하거나 대접을 받고 우쭐대는 모습
④ 아무리 훌륭한 것이라도 다듬어 쓸모 있게 만들어야 값어치가 있음

13 | ②

자신의 핸드폰 번호를 바꾸더라도 헤어진 애인에게 자신이 전화를 할 수 없게 된 것은 아니므로 사전조치에 해당하지 않는다.

14 | ④

주어진 수열은 홀수 번째 수열에는 $\times 2$, 짝수 번째 수열에는 $+14$가 적용되고 있다. 따라서 빈칸은 $72 \times 2 = 144$이다.

15 | ②

주어진 식은 '$\$$ 앞의 수의 제곱$-$뒤의 수'의 규칙을 가지고 있다. 따라서 빈칸은 $4^2 - 5 = 11$이다.

16 | ④

$$\boxed{\dfrac{A}{B} \quad \dfrac{C}{D}}$$

$$\therefore \frac{C}{D} = \frac{A+11}{B-1}$$

17 | ②

20% 설탕물의 양을 Xg이라 하면, 증발시킨 후 설탕의 양은 같으므로

$$X \times \frac{20}{100} = (X-60) \times \frac{25}{100}$$ 에서 $X = 300$이다.

더 넣은 소금의 양을 xg이라 하면,

$$300 \times \frac{20}{100} + x = (300-60+x) \times \frac{40}{100}$$

$$\therefore x = 60$$

18 | ③

시속 80km로 간 거리를 $x$km라 하면 시속 100km로 간 거리는 $(170-x)$km이므로

$$\frac{x}{80} + \frac{170-x}{100} = 2, \ 5x + 4(170-x) = 800, \ x = 120$$이다.

따라서 시속 80km로 간 거리는 120km이다.

19 | ②

사야 할 연필이 x자루라고 하면

$200x + 2000 = 3200 \rightarrow 200x = 1200, \ x = 6$

따라서 사야할 연필의 개수는 6개다.

20 | ②

8과 12의 최소공배수는 24이다.

동시에 출발하여 24분 만에 고속 케이블카는 3번, 저속 케이블카는 2번 왕복하게 된다.

24분에 100명씩 실어 나르는 것이 되므로 450명을 실어 나르려면 400명까지는 $24 \times 4 = 96$분

나머지 50명은 두 대의 케이블카가 한 번씩 운행하여 40명을 나르고 나머지 10명은 고속 케이블카가 편도로 한 번만 가면 되므로 $8 + 4 = 12$분

총 걸리는 시간은 $96 + 12 = 108$분

21 | ④

A : 월드컵 대표, B : 올림픽 대표, C : 청소년 대표라고 하면,

$n(A \cup B \cup C) = 48$,

$n(A) = 23$, $n(B) = 23$, $n(C) = 23$,

$n(A \cap B) = 16$, $n(B \cap C) = 5$, $n(C \cap A) = 2$

$n(B \cup C) = n(B) + n(C) - n(B \cap C)$

$\qquad\qquad = 23 + 23 - 5 = 41$

$\therefore$ 월드컵대표에만 소속되어 있는 선수 $= 48 - 41 = 7$

22 | ①

한 달 동안의 통화 시간 t $(t=0, 1, 2, \cdots)$에 따른

- 요금제 A의 요금
  $y = 10,000 + 150t$ $(t = 0, 1, 2, \cdots)$
- 요금제 B의 요금
  $\begin{cases} y = 20,200 & (t = 0, 1, 2, \cdots, 60) \\ y = 20,200 + 120(t-60) & (t = 61, 62, 63, \cdots) \end{cases}$
- 요금제 C의 요금
  $\begin{cases} y = 28,900 & (t = 0, 1, 2, \cdots, 120) \\ y = 28,900 + 90(t-120) & (t = 121, 122, 123, \cdots) \end{cases}$
- ㉠ B의 요금이 A의 요금보다 저렴한 시간 t의 구간은
  $20,200 + 120(t-60) < 10,000 + 150t$ 이므로
  $t > 100$
- ㉡ B의 요금이 C의 요금보다 저렴한 시간 t의 구간은
  $20,200 + 120(t-60) < 28,900 + 90(t-120)$ 이므로
  $t < 170$

따라서, $100 < t < 170$ 이다.

∴ $b-a$ 의 최댓값은 70

23 | ④

④ 친환경 농산물 재배면적 중 유기농 농작물의 비중은
   2019년부터 17.0% → 10.4% → 7.5% → 8.3%로 2021
   년에 가장 낮다.

① 친환경 농산물 재배농가 당 생산량은 2019년부터
   15.1 → 13.2 → 11.2 → 10.2로 매년 감소하고 있다.

② 2019년 대비 2022년 친환경 농작물 재배농가 증가
   율은 $\dfrac{221-53}{53} \times 100 ≒ 317(\%)$, 생산량의 증가율은
   $\dfrac{2258-798}{798} \times 100 ≒ 183(\%)$이므로 친환경 농작물
   재배농가 증가율이 더 높다.

③ 생산방법별 재배 면적에서 저농약의 재배면적 비중은
   2021년에 68.4%, 2022년에 58%로 2021년에 더 높다.

24 | ④

1학년 5반의 어떤 학생은 책 읽는 것을 좋아하고, 책
읽는 것을 좋아하는 사람은 집중력이 높으므로 1학년 5
반의 어떤 학생은 집중력이 높다는 결론은 반드시 참이
된다.

25 | ②

A는 축구하기 전날 주스를 마셨으며, 축구한 다음날 회
의를 하고 오늘은 회의를 한 다음 날이므로, 주스 →
커피 → 차 → 우유 → 주스를 마신 것이 된다.

26 | ②

다음의 두 가지 경우가 될 수 있다.
㉠ [앞] 재연 – 승리(약냉방) – 철수(약냉방) – 승혁 [뒤]
㉡ [앞] 재연 – 철수(약냉방) – 승리(약냉방) – 승혁 [뒤]

27 | ③

아르바이트 일수가 갑은 3일, 병은 2일임을 알 수 있다.
무는 갑이나 병이 아르바이트를 하는 날 항상 함께 한다
고 했으므로 5일 내내 아르바이트를 하게 된다.
을과 정은 일, 월, 화, 목 4일간 아르바이트를 하게 된다.

① 수요일에는 2명, 나머지 요일에는 4명으로 인원수는
   확정된다.

② 갑은 3일, 을은 4일, 병은 2일, 무는 5일 이므로 갑
   과 을, 병과 무의 아르바이트 일수를 합한 값은 7로
   같다.

③ 병에 따라 갑이 아르바이트를 하는 요일이 달라지므
   로 아르바이트 하는 요일이 확정되는 사람은 세 명
   이다.

④ 일별 인원수는 4명 또는 2명으로 모두 짝수이다.

28 | ③

① 19일 수요일 오후 1시 울릉도 도착, 20일 목요일 독도 방문, 22일 토요일은 복귀하는 날인데 좋아는 매주 금요일에 술을 마시므로 멀미로 인해 선박을 이용하지 못한다. 또한 금요일 오후 6시 호박엿 만들기 체험도 해야 한다.

② 20일 목요일 오후 1시 울릉도 도착, 독도는 화요일과 목요일만 출발하므로 불가능

③ 23일 일요일 오후 1시 울릉도 도착, 24일 월요일 호박엿 만들기 체험, 25일 화요일 독도 방문, 26일 수요일 포항 도착

④ 25일 화요일 오후 1시 울릉도 도착, 27일 목요일 독도 방문, 28일 금요일 호박엿 만들기 체험은 오후 6시인데, 복귀하는 선박은 오후 3시 출발이라 불가능

29 | ②

D	F	E	–	엘리베이터
B	A	C	G	

30 | ③

ㄹ, ㅁ 진술을 통해 강 사원이 생산부이거나, 서 사원이 기획부, 진 사원이 홍보부인 것을 알 수 있다. 서 사원이 기획부, 진 사원이 홍보부일 경우 ㄱ의 진술 중 참인 진술이 없으므로 강 사원이 생산부이다. 서 사원은 기획부가 아니므로 ㄴ의 진술에 따라 진 사원은 총무부이다. ㄷ의 진술에서 황 사원은 총무부가 아니므로 영사원이 인사부이고 이에 따라 ㄱ에서 황사원은 기획부가 되고 서 사원은 홍보부이다.

31 | ③

A는 7호선을 탔으므로 D는 1호선을 탔고 따라서 B도 1호선을 탔다. F와 G는 같은 호선을 이용하지 않았으므로 두 사람 중 하나는 1호선을 탔고, 이로써 B, D와 함께 1호선을 탄 사람은 세 사람이 되었다. 따라서 H는 지하철 1호선을 탈 수 없다.

32 | ④

B의 진술이 거짓이라면 C와 D는 거짓말쟁이가 아니게 되어 진실을 말한 사람이 두 사람이 되므로, 진실을 얘기하고 있는 사람이 한 명 뿐이라는 단서와 모순이 생기기 때문에 B의 진술이 진실이다. B의 진술이 진실이고 모두의 진술이 거짓이므로 A의 거짓진술에 의해 B는 범인이 아니며, C의 거짓진술에 의해 A도 범인이 아니다. D의 거짓진술에 의해 범인은 D가 된다.

33 | ③

① '병'과 '기'가 같은 조여서는 안 된다.
②④ '을'이 '정' 또는 '기'와 같은 조가 아니다.

34 | ④

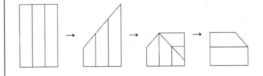

35 | ②

36 | ①

해당 도형을 펼치면 ①이 나타난다.

37 | ②

38 | ③

3	1	1
1	2	
1		

3	3	3
2	2	
1		

(최소)　　　　(최대)

39 | ④

가을	가지	가구	가을	가열	가족
가열	가방	가상	가망	가치	가지
가지	가사	가방	가열	가사	가구
가구	가을	가사	가상	가구	가축
가방	가열	가망	가지	가사	가망
가족	가지	가구	가상	가망	가을

40 | ③

여자	빨강	쿠키	바다	남자	책상
축구	지갑	난초	장미	농구	탄소
병원	튤립	약국	산소	발톱	벼루
전화	가위	야구	종이	버스	반지
과자	하늘	손톱	안경	신발	기차
연필	가방	파랑	육지	의자	매화

41 | ④

④ 고줄검정고시기출문제정복하기

42 | ③

43 | ④

'□' 모양의 도형은 왼쪽으로 90°씩 회전하고 있으며 그 안에 있는 도형들 중 사각형을 제외한 세 도형은 흰색, 검정색으로 번갈아가며 색이 변경된다.

44 | ③

③ 1열, 2열, 3열로 가면서 도형의 색칠된 부분이 90°씩 회전하는 규칙이 성립되고 있다.

45 | ④

1	③	2	④	3	②	4	②	5	②
6	③	7	③	8	③	9	④	10	①
11	④	12	③	13	③	14	①	15	④
16	②	17	④	18	②	19	①	20	③
21	②	22	①	23	①	24	④	25	③
26	①	27	②	28	①	29	②	30	④
31	①	32	③	33	②	34	③	35	②
36	①	37	①	38	①	39	③	40	①
41	④	42	③	43	④	44	③	45	③

1 | ③

미욱하다 … 하는 짓이나 됨됨이가 매우 어리석고 미련하다.

2 | ④

존귀 … 지위나 신분이 높고 귀함
④ 미천 : 신분이나 지위 따위가 하찮고 천하다.

3 | ②

① 오십보백보(五十步百步) : 조금 낮고 못한 차이는 있지만 본질적으로 차이가 없음
② 백락일고(伯樂一顧) : 남이 자기 재능을 알고 잘 대우함
③ 백년하청(百年河淸) : 아무리 세월이 가도 일을 해결할 희망이 없음
④ 백절불굴(百折不屈) : 아무리 꺾으려 해도 굽히지 않음

4 | ②

①③④ 벌리다 : 둘 사이를 넓히거나 멀게 하다.
② 벌리다 : '일을 하여 돈 따위를 얻거나 모으다'의 피동사

5 | ②

① 곤수유투(困獸猶鬪) : 위급할 때는 아무리 약한 짐승이라도 싸우려고 덤빔
③ 괄목상대(刮目相對) : 남의 학식이나 재주가 놀랄 만큼 부쩍 늚을 이르는 말
④ 고장난명(孤掌難鳴) : 혼자의 힘만으로 어떤 일을 이루기 어려움을 이르는 말

6 | ③

제시된 글의 '-겠-'은 주체의 의지를 나타내는 어미이다. 따라서 ③에서 쓰이는 '-겠-'이 문맥적 의미가 가장 가깝다.

7 | ③

주어진 문장은 대출이 늘어난 이유를 말하고 있고, ㈐ 앞에서 대출이 급증한다는 언급이 있으므로 주어진 문장이 들어가기에 가장 적절한 곳은 ㈐이다.

8 | ③

첫 번째 문단에서 문제를 알면서도 고치지 않았던 두 칸을 수리하는 데 수리비가 많이 들었고, 비가 새는 것을 알자마자 수리한 한 칸은 비용이 많이 들지 않았다고 하였다. 또한 두 번째 문단에서 잘못을 알면서도 바로 고치지 않으면 자신이 나쁘게 되며, 잘못을 알자마자 고치기를 꺼리지 않으면 다시 착한 사람이 될 수 있다 하며 이를 정치에 비유해 백성을 좀먹는 무리들을 내버려 두어서는 안 된다고 서술하였다. 따라서 글의 중심내용으로는 잘못을 알게 되면 바로 고쳐 나가는 것이 중요하다가 적합하다.

9 | ④

첫 번째 문단에서 '일정한 주제 의식이나 문제의식을 가지고 독서를 할 때 보다 창조적이고 주체적인 독서 행위가 성립될 것이다.'라고 언급하고 있다.

10 | ①

두 번째 문단에서 '간단한 읽기, 쓰기와 셈하기 능력만 갖추고 있으면 얼마 전까지만 하더라도 문맹 상태를 벗어날 수 있었다.'고 언급하고 있다.

11 | ④

주자와 정약용을 예로 들어 주장을 뒷받침하고 있다.

12 | ③

ⓒ 물질로 구현되는 것을 모두 기술로 명명할 수 없다 → ⓛ 기술이 아닌 예 → ② 기술에는 지성의 개입이 필요 → ⓤ 기술이라고 할 수 있는 것들의 예

13 | ③

지문의 중심내용은 기존 시장 포화의 대안으로 내놓은 vip 마케팅으로 인해 오히려 어려움을 겪고 있다는 것이다. 자승자박(自繩自縛)은 스스로 만든 줄로 제 몸을 묶는다는 뜻으로, 자신이 한 행동과 말에 구속되어 어려움을 겪는 것을 말한다.
① 견강부회(牽强附會) : 되지도 않는 말 또는 주장을 억지로 자신의 조건이나 주장에 맞도록 하는 것
② 비육지탄(髀肉之嘆) : 보람 있는 일을 하지 못한 채 세월만 헛되이 보내는 것을 한탄하는 것
④ 화이부동(和而不同) : 주위와 조화를 이루며 지내기는 하나 부화뇌동이나 편향된 행동 등을 하지 않으며 같아지지 않는 것

14 | ①

주어진 수열은 첫 번째 수부터 각 자리의 수를 더한 수가 다음 수가 되는 규칙을 가지고 있다. 따라서 빈칸에 올 수는 $431 + 4 + 3 + 1 = 439$이다.

15 | ④

주어진 수열은 세 개씩 나누어 봤을 때 세 개의 수를 곱하면 360이 되는 규칙을 가지고 있다.

16 | ②

A B

$\therefore$ A가 홀수이면, $B = A + 1$

A가 짝수이면, $B = \dfrac{A}{2}$

17 | ④

B의 나이를 x, C의 나이를 y라 놓으면

A의 나이는 $x+12$, $2y-4$가 되는데 B와 C는 동갑이므로 $x=y$이다.

$x+12=2x-4 \rightarrow x=16$

따라서 A의 나이는 $16+12=28$(살)

18 | ④

통화량을 x, 문자메시지를 y라고 하면

A요금제 $\rightarrow (5x+10y) \times \left(1-\dfrac{1}{5}\right)=4x+8y=14{,}000$원

B요금제 $\rightarrow 5{,}000+3x+15 \times (y-100)=16{,}250$원

두 식을 정리해서 풀면

$y=250$, $x=3{,}000$

19 | ①

① B의 최대 총점(국어점수가 84점인 경우)은 263점이다.
② E의 최대 총점(영어점수가 75점, 수학점수가 83점인 경우)은 248점으로, 250점 이하이므로 보충수업을 받아야 한다.
③ B의 국어점수와 C의 수학점수에 따라 D는 2위가 아닐 수도 있다.
④ G가 국어를 84점 영어를 75점 받았다면 254점으로 보충수업을 받지 않았을 수도 있다.

20 | ③

먼저 표를 완성하여 보면

응시자 면접관	갑	을	병	정	범위
A	7	8	8	6	2
B	4	6	8	10	(6)
C	5	9	8	8	(4)
D	6	10	9	7	4
E	9	7	6	5	4
중앙값	(6)	(8)	8	(7)	–
교정점수	(6)	8	(8)	7	–

㉠ 면접관 중 범위가 가장 큰 면접관은 범위가 6인 B가 맞다.
㉡ 응시자 중 중앙값이 가장 작은 응시자는 6인 갑이다.
㉢ 교정점수는 병이 8, 갑이 6이므로 병이 크다.

21 | ②

$110 \div 60 = 1.83$

22 | ①

각 제품의 예상 매출액을 구해보면 냉장고는 320억 원으로 실제 매출액과 100억 원 차이가 나고, 에어컨은 8억 원, 김치냉장고는 290억 원, 청소기는 203억 원, 세탁기는 175억 원, 살균건조기는 162억 원, 공기청정기는 135억 원, 전자레인지는 136억 원이 차이가 난다.

23 | ①

전체 매출액은 3,379억 원

$\dfrac{590}{3{,}379} \times 100 = 17.4$

24 | ④

병과 정의 진술이 상이하므로 모순이 된다.

우선 병의 진술이 거짓일 경우 을은 윗마을에 살고, 여자이다.

정의 진술은 참이므로 을과 병은 윗마을에 산다. 을은 윗마을 여자이므로 거짓말을 하고, 병은 윗마을에서 거짓말을 하므로 여자이다.

을과 병이 윗마을에 살기 때문에 갑, 정은 아랫마을에 산다.

정은 아랫마을에 살며 참말을 하므로 여자이고 갑은 아랫마을 여자이므로 참말을 한다.

25 | ③

어떤 여우는 뱀을 먹는다. → 뱀을 먹는 동물은 개구리를 먹는다.

∴ 어떤 여우는 개구리를 먹는다.

26 | ①

① 甲은 어제 영화를 보지 않았으므로 야구 경기는 취소되지 않았다.

② 윤아가 어제 영화를 보았는지 아니지 알 수 없다.

③ 어제는 야구 경기가 취소되지 않았으므로 강수 확률을 80% 이상이 아니다.

④ 오늘은 야구경기가 취소될 것인지 아닌지 알 수 없다.

27 | ②

대우 명제를 이용하여 해결하는 문제이다. 대우 명제를 생각하기 전에 주어진 명제들의 삼단논법에 의한 연결 형태를 먼저 찾아보아야 한다. 주어진 다섯 개의 명제들 중 첫 번째, 두 번째, 세 번째 명제는 단순 삼단논법으로 연결되어 1호선→2호선→5호선→~3호선의 관계가 성립됨을 쉽게 알 수 있다.

따라서 이것의 대우 명제인 3호선→~1호선(3호선을 타 본 사람은 1호선을 타 보지 않았다)도 옳은 명제가 된다.

28 | ①

㉠ 관상의 원리는 받아들일 만한 것이 아니다. → 얼굴이 검붉은 사람은 육체적 고생을 한다고 하나 얼굴이 검붉은 사람이 편하게 사는 것을 보았다. (참)

㉡ 우리가 사람의 얼굴에 대해서 갖는 인상이란 선입견에 불과하다. → 관상의 원리가 받아들일 만하다면. 우리가 사람의 얼굴에 대해서 갖는 인상이란 한갓 선입견에 불과한 것이 아니다.

㉢ 사람의 인상은 평생에 걸쳐 고정되어 있다고 할 수 있다. → 사람의 인상이 평생에 걸쳐 고정되어 있다고 할 수 있는 경우에만 관상의 원리는 받아들일 만하다.

㉣ 관상의 원리에 대한 과학적 근거를 찾으려는 노력은 헛된 것이다. → 관상의 원리가 받아들일 만하지 않다면 관상의 원리에 대한 과학적 근거를 찾으려는 노력은 헛된 것이다. (참)

㉤ 관상의 원리가 과학적 근거를 갖는다고 기대하는 사람들은 우리가 관상의 원리에 의존하면 삶의 위안을 얻을 것이라고 믿는다. → 관상의 원리에 대하여 과학적 근거가 있을 것이라고 기대하는 사람은 우리의 삶에 위안을 얻기 위해 관상의 원리에 의존한다고 믿는다.

29 | ②

위 내용에 따라 건물의 높이가 높은 순서대로 나열하면 다음과 같다.

○○타워-◎◎빌딩-△△타워-◇◇시티

따라서 가장 높은 건물은 '○○타워'이며 가장 낮은 건물은 '△△타워'이다.

30 | ④

이 남자의 아버지와 내 아버지의 아들을 정확히 구분하여야 한다.

여기서 사진을 보고 있는 사람은 형제가 없는 외아들이며, 내 아버지의 아들은 자기 자신이 된다. 그러므로 이 남자의 아버지는 즉, 사진을 보고 있는 자기 자신이므로 이 남자는 아들이 되는 것이다.

31 | ①

ⓒ의 조건에 의해 민정이가 심부름을 가면 상원이는 심부름을 가게 되는데 이는 ②의 조건과 모순이 생기므로 민정이는 심부름을 가지 않는다. 따라서 민정이가 심부름을 가게 되는 조건을 모두 배제하면 함께 심부름을 갈 수 있는 조합은 재오, 상원뿐이다.

32 | ③

②에 따라, 두 번째로 멀기 위해서는 편의점과 식당 중 하나가 맨 끝에 위치하고 다른 하나는 반대쪽의 끝에서 두 번째에 위치해야 한다는 것을 알 수 있다.

④를 통해서는 왼쪽에서 두 번째에 편의점이나 식당이 위치할 수 없음을 알 수 있으므로 이 두 상점은 맨 왼쪽과 오른쪽에서 두 번째에 나누어 위치해야 한다.

⑤를 통해서 맨 왼쪽은 식당이 아닌 편의점의 위치임을 알 수 있다. 동시에, 맨 오른쪽은 부동산, 그 옆은 식당이라는 것도 알 수 있다.

③을 통해서는 커피 전문점이 왼쪽에서 세 번째 상점이라는 것을 알 수 있다.

따라서 이를 종합하면, 왼쪽부터 편의점, 통신사, 커피 전문점, 은행, 식당, 부동산의 순으로 상점들이 이어져 있으며 오른쪽에서 세 번째 상점은 은행이 된다.

33 | ②

①～⑫ 삼각형 12개

③+④, ⑤+⑥, ⑦+⑧, ⑩+⑪, ③+⑦, ④+⑧, ⑤+⑩, ⑥+⑪, ②+④+⑧, ⑤+⑩+⑨, ②+⑤+⑩, ④+⑧+⑨, ①+②+③+④+⑤+⑥, ⑦+⑧+⑨+⑩+⑪+⑫의 14개

∴ 12+14＝26(개)

34 | ③

35 | ②

바닥부터 블록의 개수를 세어보면 $12+8+4+2=26$이다.

36 | ①

37 | ①

모든 블록이 1면 이상 외부로 노출되어 있다.

38 | ①

3	1	3	1	
1	1	1	1	2
			1	

15개

블록 문제는 숨겨진 부분을 파악하는 것이 가장 중요하다.

39 | ③

塞翁之馬指鹿<u>爲馬</u> – 塞翁之馬指鹿<u>馬爲</u>

40 | ①

망 명 소 원 해 성 – e f a c h j

41 | ④

각 줄 첫 번째 도형과 두 번째 도형을 합한 그림이 세 번째 칸에 나오게 되는데, 이 때 중복되는 선은 생략되는 규칙을 가지고 있다.

42 | ③

③ 각 행마다 점이 3, 4, 5개인 것이 하나씩 있으며 칠해지지 않은 점이 하나씩은 포함되어야 한다. 따라서 5개의 검은 점이 있는 도형이 와야 한다.

43 | ④

①③ 평면, 정면의 모양이 다르다.
② 정면, 측면의 모양이 다르다.

44 | ③

45 | ③

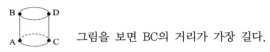 그림을 보면 BC의 거리가 가장 길다.